「邪馬台国論」の新視点および マルクス主義と儒教

草野善彦
Yoshihiko KUSANO

本の泉社

「邪馬台国論」の新視点および マルクス主義と儒教

草野善彦
KUSANO Yoshihiko

本の泉社

「邪馬台国論」の新視点およびマルクス主義と儒教——目次

はじめに

戦後の日本古代史学をかざった「邪馬台国」論争は、一見終わったかに見える。しかし、学界が一致して認めざるを得ない、「卑弥呼の都する所」の所在地が解明されたわけではない。こんにち「纏向遺蹟が『邪馬台国』」という考古学者の主張もあるが、本文で述べる通りそれはあり得ないことである。

本書は、『三国志』魏志・倭人伝中には、「卑弥呼の都する所」が「邪馬壹（一）国」とあり、『後漢書』倭伝と『隋書』俀国伝に、「邪馬臺（台）国」と表記されている理由にかんして、『後漢書』倭伝中に范曄自身の註釈があるにもかかわらず、従来の「邪馬台国」論争では、実に、これは全く無視されてきたという点を取りあげた。つまり、范曄自身が「邪馬臺（台）国」表記の真の意味を指摘しているのであって、これに立てば「邪馬臺（台）国」表記は「ヤマト」の音を写したものという、大学的日本古代史学の一致した通念と主張が、根本的な誤りであることになるという一点である。

同時に、この范曄の註釈が何故無視されたのかを併せて問うと、実に驚くべきことに古代中国正史類の記載によって卑弥呼問題が探求されているにもかかわらず、卑弥呼と倭国にかかわる重要な古代中国正史類が、あるいは無視され、あるいは記載とは異なるように解釈改竄されているなどの例が、非常に多いことが明らかとなった。これは従来の大学の古代史学者の議論と見解に不審の念を抱かせるものである。

そもそも不審の第一の点は、金印「漢の委奴国王印」に関わる記載をはじめ、「卑弥呼」「倭の五王」「日出ずる処の天子、書を日没する処の天子に致す。恙《つつが》なきや、云々」という有名な国書、ならびにそれを隋朝に送った王のタリシホコ（多利思北孤）等が、古代中国正史類にだけあって『古事記』『日本書紀』にはそれは一語もないという問題である。これは約三〇〇年前の松下見林（一六三七〜一七〇三）が中国史料を『異称日本伝』、すなわち「異称」と評した由縁である。

これを大学的日本古代史学の諸教授の言うように、『古事記』『日本書紀』があくまで日本史の基本文献というのであれば、「その基本文献にもっとも肝心な右の『卑弥呼』等のことが一語もないのはなぜか」、これこそが日本古代史学、すなわち日本古代史探求の根本問題でなければならないはずである。これをはずして「邪馬台国はどこか」論争に熱中することは、「肝心の何かを忘れていませんか」ということにならないだろうか。

ここに視点をおけば、「何かを忘れていませんか」という姿と、范曄自身の「邪馬台国」名への註釈とその意味を、国民に明らかにしないままの大学的日本古代史学の諸教授の態度とが、いわば地下水脈で深く結びついているということが判明するのである。一体、それは何なのか。本書はこの探求をも眼目としたところである。

あわせて戦前・戦後の日本古代史学には、世界（古代琉球をふくむ）の古代国家形成・発展史上で例外なく存在している、都市国家群がまったくないという問題がある。日本本土以外の古代国家は、氏族・部族社会の原始集落・都市を核とする都市国家群から始まっている。にもかかわらずその氏族・部族的原始集落・都市も、その都市国家群とその文化もいっさい存在していないのが「日本古代史」である。世界の姿にたいして極端に異端的である。しかし、これは何故か、誰によっても問題視されていない。

本書では、マルクス・エンゲルス等の古代国家形成に関する考察にたって、従来の日本古代国家形成論への批判的検討を行い、あわせて氏族・部族社会の「原民主主義」と、古代ギリシャ・ローマの古代民主主義、および近世ヨーロッパの民主主義との関連にかんする、エンゲルス等の考察の観点と方法を念頭に、古代中国の都市国家とその文明を考察し、東アジアの民主思想と日本の民族的な進歩的思想の性格と特質の探究をもこころみた。また、先述のとおりに氏族・部族の原始集落・都市も都市国家群さえも存在しない「万世一系の天皇制」なる、近世〜現代の尊皇日本史論の性格とその役割の解明をも探究した。

第一章　「邪馬台国」論争の検証

一　「邪馬台国」論争と三角縁神獣鏡

戦後、「邪馬台国」論争は、東京大学、京都大学等の古代史学部の高名な諸教授を中心に、『三国志』魏志・倭人伝の解釈をめぐって、華々しく展開され国民の耳目を集めた。しかし、ついに学界が一致して認める結論には至らなかった。古田武彦氏著の『「邪馬台国」はなかった』が一九七一年に朝日新聞社から世にでると、従来の文献学的な論争は燃え盛る焚き火が、水をあびせられたように一瞬にして下火になった。

その後は文献学的論争に代わって考古学者が新たに登場して、「三角縁神獣鏡」や巨大「前方後円墳」を前面にかかげて、「邪馬台国・近畿大和説」をあたかも確固不動の実証的結論のように主張し、最近では「纒向遺蹟の巨大建物は卑弥呼の宮殿」という見解までが登場している。しかし、その考古学が国際的な批判をあびるような考古学であって、その「実証主義」的考察の是非は、いわば最初から見え透いていたのである。それは「三角縁神獣鏡」は中国産ではないという、中国社会科学院考古研究所の前所長の王仲殊氏の研究（王仲殊氏著、西嶋定生氏監修の『三角縁神獣鏡』、学生社、一九九八年、初版）である。

そのなかで三角縁神獣鏡は中国大陸、朝鮮半島から一面も出土していないという事実をはじめ、黄河流域ではそもそも「神獣鏡」の文様も、三角縁という形式そのものが、歴史的に存在した事実がないなど七～八項目にわたって、「三角縁神獣鏡・魏鏡論」が徹底的に批判されている。

この批判によって、三角縁神獣鏡は魏朝が卑弥呼に授与したものとして、「邪馬台国・近畿説」と「前方後円墳・大和朝廷造営論」を、反論の余地のない考古学的に実証された見解と称してきた主張は、当然ながら根拠の全くない説となった。

にもかかわらず「邪馬台国近畿説」にたつ県立橿原考古学研究所は、「奈良県・桜井茶臼山古墳（桜井市、前方後円墳）出土の銅鏡破片の復原から、一三種、八一枚の銅鏡が埋葬されていた」（「東京新聞、二〇一〇年一月八日付け）と発表。それによると「一枚は卑弥呼の使者が中国の魏から帰国した『正始元年』（二四〇年）の年号が入った三角縁神獣鏡」とされ、これによって「邪馬台国と初期大和政権の関係の問題などを考える一級の史料となりそうだとしている」と報道されている。

これはしかし、失礼ながら率直にいって「黒を白」というに等しい、専門家の名でかざったすり替えの議論である。第一に、「三角縁神獣鏡」は魏鏡ではない。第二に、その銅鏡の破片にある年号が正始元年とされている点である。その年号をもってこの銅鏡が卑弥呼が魏朝から授与されたものというのであれば、それは故意の歪曲に過ぎないのである。「魏志」倭人伝の卑弥呼入朝記事の実際は、「景初二年六月、倭の女王、大夫難升米等を遣わし郡に至り……」であって、その年号は「景初」である。次に魏朝が卑弥呼に下賜した銅鏡の年号は景初およびそれ以前であって、断じて「正始元年」などはあり得ないという点である。

理由は簡単で、魏の明帝が卑弥呼への答礼の品目を述べた詔書の日付けは、「その年（景初二年、引用者）の一二月、詔書して倭の女王に報じて曰く……」である。大夫難升米の郡到達の半年後である。つまり魏はこの半年間で膨大というべき卑弥呼への答礼品を準備していたのである。ところが明帝はこの月に急病を発し続いて死亡したのである。したがってその翌年の景初三年は、当時の習慣にしたがって魏朝は明帝の喪に服して、朝廷の儀礼等は中止されたのである。そのために大夫難升米等は、魏朝が卑弥呼宛てに記した答礼と、その品目を述べた詔書だけをもらっただけで、いわば手ぶらで帰国したのである。

そうしてその翌年に喪があけて、「正始元年、太守弓遵、建中校尉梯儁等を遣わし……倭国に至り……」(「魏志」倭人伝)とある通りに、魏朝は卑弥呼と倭国への欠礼を補うために、卑弥呼に贈るべき豪華絢爛たる品々とともに答礼使節団を倭国に派遣しているのである。つまり卑弥呼への下賜された銅鏡は景初以前の年号のもの以外にはありえないのである。

なお倭国の使者の魏朝への入朝の年を「景初二年は三年の間違い」説が、大学的日本古代史学では採用されている。しかし、これは「魏志」倭人伝の方が正しいことは、古田武彦氏の『「邪馬台国」はなかった』での、『三国志』全般への詳細な考察から明らかである。古田武彦氏の『「邪馬台国」はなかった』を読まれた人の多くが、所謂日本古代史関連の著名な学者が『三国志』を読まずに、そのほんの一部に過ぎない「魏志」倭人伝だけを取りだして、いわば「木をみて森を見ない」式に、しかも古代中国文化を半ば見下しながら、「邪馬台国」を論じているという姿をまざまざと実感し、その学問的な姿勢に呆れたという方が多かったであろう。

すなわち果てしない論争だけがあって不審におもっていたところ、日本古代史学者の古代中国正史類にたいする態度が、きわめて杜撰《ずさん》であるという事実が明らかにされて、非常に驚いたというのが実情であったろう。いわゆる「古田史学」への期待が少なからぬ人々の間で広がった由縁である。そうして極めて重要なことは、この杜撰さはたまたまでも「魏志」倭人伝のみのことでもなく、実際には、基本的に唐以前の古代中国各王朝の正史（以後、古代中国史料ともいう）に記録される対日交流記と、『古事記』『日本書紀』のいう「万世一系の天皇制は日本の伝統」なる日本史とが「水と油」、または松下見林が『異称日本伝』としたとおりに、「混じり合わない。一致しない」という根本問題から、必然的に生じたものという点である。

ここに古代中国史料の存在意義と日本古代史探求の基本問題があるのである。この問題は「第五章　中国正史類にたいする態度」であつかうが、下級武士が倒幕で掲げた「尊皇攘夷」の「尊皇論」は、江戸時代以降の近世「尊皇思想」を根元とする純粋の日本思想であって、『古事記』『日本書紀』の記す「日本史」を妄信・絶対化したもので、これが明治憲法第一条の「大日本帝国ハ万世一系ノ天皇之ヲ統治ス」や、戦後の憲法第一条の「象徴天皇制」条項として、今日も日本国民の上に君臨しているのである。

明治以降の国立大学等の日本史、とりわけ日本古代史学部とは、そもそもこの憲法の第一条に責任を負うものである。本来、世界の歴史学は「歴史の事実」の探求と解明に責任を負い、その結果として「歴史は書きかえられる」場合もあるのである。しかし、日本古代史学では近世以降の尊皇思想は絶対であり、あらかじめ憲法に「万世一系」がうたわれ、この「書きかえ」は、明治以降の尊皇史学では断じてあり得ない性格のものである。これが近代日本古代史学の根本問題なのである。それは『聖書』のあれこれの規定が絶対的であった、イタリア・ルネッサンス期以前のヨーロッパ同様に、『古事記』『日本書紀』の「万世一系の天皇制は日本の伝統」なる歴史観が絶対であって、いささかでもこの史観に批判的なものは排除されるのである。

しかも、約三〇〇年も前に新井白石（一六五七〜一七二五）等の儒教的知性にたつ先学が、近世尊皇思想への批判（一一六頁参照）を行っている。にもかかわらず大学的日本古代史学はいうに及ばず、明治以降のとりわけ「入欧脱亜」（福沢諭吉）を特質とする、「文明開化」気分と思想を底辺とする近代日本の開明的意識もまた、今日にいたるも日本における儒教思想とその日本史的意義はもちろん、古代中国正史類の対日交流記の意義をも、まったく考慮する気配はないのである。

近代日本においては、一つはフランス大革命等の影響から「自由民権運動」が、次にこの伝統をも踏まえつつマルクス主義の立場から日本共産党とその先覚が、戦前の「天皇制」（絶対主義的天皇制）への批判と、その民主主義的克服を正面に掲げた。これは近代日本の真に光彩ある輝きである。

しかし、にもかかわらずこれらの先覚者たちにも、古代儒教とそれの日本史的意義にかんして考察した形跡はなく、したがってこの先覚等が命をかけて立ちむかわれた、近代天皇制の歴史的な合理化の書、『古事記』『日本書紀』への決定的批判の武器が実に、晩年の新井白石等が指摘していた通りに、古代中国正史類の対日交流記にあるという認識はまったくなかったという、いわば大きな悲劇を今日も抱えたままであると考える。

この問題は、真実の日本史と日本文化とは何か、という問題とともに、日本における進歩の歴史とその伝統的思想は何か、それを今日、誰が継承しているかという国政革新との関係でも、大きな問題を本来は含んでいる重要な問題と考えるものである。

そもそもこうした問題は、当然ながら大学の日本古代史学部を中心に、東洋史学、儒学、日本古代文化史等の各分野で探究されるべき課題である。しかし、先述のように今日の大学の日本古代史学部等は、日本国憲法第一条の日本史観への根本的批判となる歴史学、すなわち日本民族の歴史の事実を探求し、それ以外の如何なる権威の干渉をも拒否するという立場にはない以上、今日のところ、いわゆる「科学的で自覚的な草莽の史学」という姿以外に、真の科学的日本古代史学はあり得ないのである。

これは決して門外漢の高言ではない。現に「邪馬台国近畿説」と考古学者のほとんどは、「三角縁神獣鏡は中国鏡ではない」という、現代中国考古学会の見解を平然と無視・蹂躙しているではないか。これはこれから述べるとおり、近世尊皇思想のもっとも本質的なものから必然的に生れるものである。実に従来の「邪馬台国論争」の真の問題点もここにあるのである。

したがって従来から「邪馬台国・九州説」等から、三角縁神獣鏡は中国鏡ではない（古田武彦、井上光貞氏等）という見解がありながら、「邪馬台国・近畿説」やほとんどの考古学者、また石母田正氏等の人々がこの三角縁神獣鏡を中国鏡という、歴史学者としては根本的な誤りをなぜ犯したのかという点も、あらためて問われなければならないのである。

二　巨大「前方後円墳」と古代国家の都城（首都）問題

さらには近畿地方の巨大「前方後円墳・大和朝廷造営論」には、これまで大学的日本古代史学がまったく取りあげず語らなかった、国家形成と都城・首都問題という古代国家誕生・成立にかかわる根本問題が欠落していて、成立の余地はないのである。日本本土以外の世界の古代国家（古代沖縄をふくむ）は、例外なく都城・首都を核として生れている。これは後に詳細に述べる。

ところが『古事記』『日本書紀』では、「大和朝廷」には藤原京（六九四年新設・遷都）以前に都城・京師と呼ばれる、すなわち首都がないのである。首都とは数百年〜一千年も存続する都城・京師であることは、例えば平安京であきらかであろう。『古事記』『日本書紀』によれば、「神武」から天武天皇まで「神功皇后」をいれて四〇代の「天皇」には、京師＝都城、すなわち首都がないのである。天皇一代ごとに「遷宮」をしているのである。それが次頁の表である。

しかもその「宮」は、奈良県内の各地を代替りごとに最低でも一人一回は移動し、さらには大阪のあちこちに動き、また奈良のあちこちに移転するといった具合である。「神武天皇」から四〇代の天武天皇までのなかで、在位期間一桁の「天皇」が実に一三人、五年以下が九人である。問題は、この「天皇」たちも一代ごとに「宮」を新築し、なかには「仲哀天皇」のように、在位年数九年で「遷宮」を三回もしてい

天皇名	「都」名
神武	橿原宮
綏靖	葛城の高丘宮
安寧	片塩の浮孔宮
懿徳	軽の曲峡宮
孝昭	腋上の池心宮
孝安	室の秋津嶋宮
孝霊	黒田の盧戸宮
孝元	軽の境原宮
開化	春日の率川宮
崇神	磯城の瑞籬宮
垂仁	纒向の珠城宮
景行	纒向の日代宮
成務	志賀の高穴穂宮
仲哀	角鹿の笥飯宮
神功	磐余の若桜宮
応神	軽島の明宮
仁徳	難波の高津宮
履中	磐余の稚桜宮
反正	丹比の柴籬宮
允恭	遠つ飛鳥宮
安康	石上の穴穂宮
雄略	泊瀬の朝倉宮
清寧	磐余の甕栗宮
顕宗	近飛鳥八釣宮
仁賢	石上の広高宮
武烈	泊瀬列城宮
継体	磐余の玉穂宮
安閑	勾の金橋宮
宣化	檜隈盧入野宮
欽明	磯城嶋金刺宮
敏達	百済大井宮
用明	池辺雙槻宮
崇峻	倉梯宮
推古	飛鳥の小墾田宮
舒明	飛鳥の岡本宮
皇極	飛鳥の板蓋宮
孝徳	難波長柄豊崎
斉明	飛鳥の岡本宮
天智	近江大津宮
天武	飛鳥浄御原宮

る例さえあるのである。今から約一三〇〇年以上も前に、その時代の交通手段や建築技術を考えれば、その「宮」の規模は「おして知るべし」であろう。こうした姿は古代琉球の諸国家をふくめて、世界の古代国家に例がない異例中の異例の姿である。

「都市は定義にもよるが、メソポタミアとメソアメリカでは比較的に早く出現するが、エジプト、中国、アンデスの場合はかなり遅くなって形成された。ただし、国家の中枢である王の宮殿や神殿がとびぬけて巨大化しており、行政と祭祀の大センターはできていた」（『世界の歴史』、「オリエント」、一四一頁、大貫良夫氏、前川和也氏、渡辺和子氏、尾形禎亮氏著、中央公論社、一九九八年、傍線は引用者）という指摘がある。ここでいう「とびぬけて巨大化した、王の宮殿」が、王一代毎に移動する「宮」水準などではないことは明らかであろう。

古代国家とは必ず都市と巨大都城をもつものなのである。これと対照すべきものが「天皇」の世代交代毎の「遷宮」ならびに、その「宮の規模」の小ささ、つまり「首都がない」という姿と、その意味なのである。そもそも人類の、したがって日本人の場合でも、最初の国家は、定住氏族・部族社会の原始的集落・都市を臍の緒として生れてくるのである。したがって都城は不可避的なものである。人間は人種を問わず、母親から臍の緒で繋がって生れてくるものであって、臍のない人間などは断じてあり得ないようなものである。

したがって都城がないと『古事記』『日本書紀』自身が記述する古代「大和朝廷」を、国家とか王朝とか言えるものかは、世界の古代国家誕生の普遍性に照らせば、重大な疑問と言わねばならないのである。これは「はじめに」で指摘した「卑弥呼」等の記載が、古代中国正史類にだけあって『記、紀』に一語もないという問題と相照らし合う問題であろう。したがってここを問題にせずに、「邪馬台国」の所在地だけを、しかも「魏志」倭人伝中心主義に「つけ足し『後漢書』」で、さらに范曄の「邪馬台国」名への注を無視するという姿勢では、「邪馬台国論争」が不首尾に終わってもいささかも不思議はないのである。

三　巨大「前方後円墳、大和朝廷」造営論について

問題は、こうした首都＝京師・都城がない者に、巨大「前方後円墳」造営の資本も組織もあり得ないということである。なぜならば国家・王朝ならば、当然、首都があり、そこに国家の国家たる由縁である国民からの搾取と収奪を基礎に蓄積された、巨大な財力＝古代的資本が集積されて、これによって世界の古代国家は巨大な神殿等を造営しているのである。しかし、肝心要の都城＝資本がないのでは「ない袖はふれない」のである。

大学的日本古代史学はしたがって後述するとおり、近畿地方の巨大「前方後円墳」を文献的にも考古学的にも「大和朝廷が造営した」という、如何る実証もないままに、「万世一系の天皇制は日本の伝統」という『古事記』『日本書紀』の日本史観にたって、「大和朝廷の造営だ」と言っているに過ぎないことにな

るのである。しかし実際は、この造営者は世界のどこに出しても恥ずかしくない、都城を構えた勢力の仕事であるといわなければならないのである。「倭の五王」問題のところで具体的に検証をしよう。

後述するとおり古代中国正史類の対日交流記によれば、卑弥呼・倭国・俀国の都は七世紀まで一貫して一カ所である。これは世界の古代国家と共通の首都の姿であって、中国史料にみる卑弥呼＝倭国の姿と、『古事記』『日本書紀』が記す「大和朝廷」の「天皇一代ごとの遷宮」の姿とは、根本的に異なるのである。したがっていくら纏向遺蹟に「巨大な建物跡」が発見されたといい、それを卑弥呼の宮殿とよんでも、ここが「大和朝廷」の都城として一貫していないのであるから、卑弥呼の宮であるといっても中国史料からも、国家とは数百年～一千年の動かぬ都城＝首都をもつという、沖縄古代国家を含む世界の古代国家の普遍的な姿からも、成立しえない主張なのである。また奈良の桜井茶臼山古墳の銅鏡を、「大和朝廷」と結びつくものときめてかかっても、それはまったく根拠がないのである。

四　都市国家という問題――真の日本古代史は隠滅されている

さらには日本本土以外の沖縄を含めて世界の古代国家の最初は、例外なく都市国家群時代なのである。「世界の古代史」と呼ばれるものは、実に、この数百～数十の都市国家群が誕生してから約二〇〇〇年間をかけて、統一王朝を実現する期間とその間の文明を指すのである。それは古代ギリシャ（ミケーネ文明）・

ローマ〜フランク王国の成立等の古代ヨーロッパ史、また、新石器時代から約二百数十の部族的集落・都市国家群を背景に発展した夏・殷・周〜泰の中国統一の中国古代史も、この他にモヘン・ジョダロやフラッパー遺蹟群を初めインダス流域だけでも、一〇〇以上の都市国家群の遺蹟が指摘されている古代インド史、さらにはメソポタミアでも例外はない。ただし古代エジプト史ではその多数の都市国家段階は探求の途上であるようである。しかし、すでに少なからずその存在が指摘されている。

これに反してこの「都市国家群」とその時代が、近世〜現代の日本古代史学にはまったく存在していない。一個の不思議は「文明開化」以来、日本では中国古代史の他に、古代ヨーロッパ史やオリエント史等の欧米の学問が重視されながらも、「万世一系・唯一王朝」とか「王一代ごとの遷宮」、さらには「都市国家群がその国家発展史の最初にいっさいない」大学的日本古代史を、「これは不審だ」という疑問の声がまったくないことである。

しかし、都市国家群がまったくない戦後の日本古代史と世界の古代史とは、その性格を根本的に異にしていることになるのである。戦後、神話的「皇国史観」批判が強調され、『漢書』地理志の「百余国」や考古学重視が云々されているにもかかわらず、日本における古代国家成立史の探求では、「大和朝廷」なる統一王朝しか、そもそも登場しないのである。これは日本古代史の目前の事実である。しかし、これは世界の古代史と比べると不可解という他はないほどに異質・異端的なのである。

実はここに、津田左右吉氏の「記・紀批判＝皇国史観批判」の真の性格が示されているのである。どんなに実証主義の重視をいい「神話」批判をしても、「万世一系の天皇制」、つまり日本民族の国家の始原から「大和朝廷」しか存在しないという主張――たとえばわが国の古代国家形成期である弥生時代にかんする研究（考古学）を、「（弥生時代にうまれる、引用者）こうした数多くの『国』（環濠集落）の歴史的変遷を明らかにすること……それらが時間を経るに従って変動し、統合され、最終的に『ヤマト政権』に収斂してゆく過程の解明……」（金関恕氏監修、『弥生時代の集落』、森井貞雄氏著、「近畿地方の環濠集落」、一三五頁、学生社、二〇〇三年、初版。（ ）内は引用者）として、事実上「大和朝廷」を日本民族の国家の始原という姿――は、氏族・部族社会から誕生する都市国家群を欠くという一点で、人類の古代国家誕生とはあたかも「白と黒」ほどに食い違い、その食い違いにかんして科学的説明が一語もないのであれば、それは真の実証主義とは到底いえず、いわば玄関口で追い出した神話や神と同質のものを、こっそり裏口から引っぱり込むという手口でしかないことになるのである。

なぜならば本来かならずなければならない国家の母体たる、氏族・部族の集落から生れる都市国家群が、なぜ日本本土だけはないのかという問いに、だれであれ神を持ち出さずに説明など不可能だからである。これはあたかも人間はすべて母親から生れるのに、「なぜお前だけは母親から生れなかったというのか」という問いに、神・悪魔なしには答えられないのと同様だからである。

しかもその際、極めて重要な意味があるのは、次の古代中国正史類の日本列島交流記である。周知のとおりに『漢書』地理志には、「倭人、一〇〇余国」など日本本土にも、原始集落・都市群の存在を思わせる記載がある。また『後漢書』倭伝、『三国志』魏志・倭人伝には、「三〇ヶ国」等の日本本土以外には必ず存在する、都市国家群から成長する複数の「中規模地域国家」群と似た記載もある。しかし、これを日本における古代国家形成・誕生問題の最も重要な文献的記録という姿勢は、戦後といえども大学的日本古代史学にはまったく見られないであろう。世界で日本本土だけが肝心要のその都市国家群も、氏族・部族の原始都市にかんする探求も、したがって都城論もないのである。こんな戦前・戦後の大学的日本古代史学がいう「日本古代史」を、疑うのは当然ではないだろうか。以上を踏まえつつ、まず「邪馬台国」の所在地を新しい視点から探求することからはじめたい。

五 「邪馬台国」探求と「七世紀末日本王朝交代記」問題

そもそも「卑弥呼の都する国」は文献によって伝えられたものである。したがって文献的に明らかにできるはずのものである。本書は、『漢書』地理志や同時代の『論衡』という、最古の日中交流に関する中国側の記録をも視野に、『三国志』魏志・倭人伝の「邪馬壹（一）国」記載と、『後漢書』倭伝ならびに『宋書』倭国伝中の、倭王武の上表中の倭国の都城に関連した記述、および『隋書』俀国伝の「邪馬臺（台）国」記事を、これらの古代中国史料に即して考察し、そこにたって「邪馬壹（一）国」の日本本土での所在地の明示を試みた。

その際、本書の探求の立脚点は第一に、古代中国文献の記載に即して探求して、『古事記』『日本書紀』をあらかじめ日本古代史の基本史料とする考え方はとらなかた。そうして古代中国史料記載の「倭人伝・倭国（俀国）伝」と命名されたものを、まさにこれらの古代史料が一々指摘しているとおり同一王朝にかんする記録して、「記・紀」と比較しどちらの史料が歴史の真実を反映しているのかという点の解明に力点をおいた。その際、あわせて「倭国は大和朝廷に関する記載」という、戦後の大学的日本古代史学の視点をも検証する見地にたった。また、これまで「邪馬台国に関する記載」ではまったく取りあげられなかった、『宋史』日本伝（撰者、脱脱、元、一四世紀）にある、「邪馬壹（一）国」関連の一一世紀の事件をも重視した。

さらには従来の大学的日本古代史学と根本的に異なる点は、「邪馬壹（一）国」問題解明で決定的意義がありながら、明治以降の大学の日本古代史学が意識して取りあげていない、『旧唐書』（撰者、劉昫、五代晋、九〜一〇世紀）東夷伝の倭国伝と日本国伝という、「日本本土の七世紀末の王朝交代記」と、そこにある八世紀初頭の粟田朝臣真人等の遣唐使が、唐朝で述べた「王朝交代の日本史に関する説明」を、決定的な意味のある「日本古代史の事実」とする立場にたち、同時に、これを『日本書紀』においても検証した（九二頁参照）。

従来の大学的日本古代史学は「邪馬台国」の探求——日本古代史の探求——にあたって、言語道断というべきであろうが、「七世紀末の日本本土における王朝交代」という、しかも日中共通の記録を意図的に歪曲、無視、抹殺して今に至っているのである。ここに近世尊皇思想を絶対とした明治以降の大学的日本古代史学の、真の性格が示されているのである。「邪馬台国」問題を正しく解決できる、ないしは正しく接近できる唯一の道は、「七世紀末の日本本土における王朝交代」記を不当に排除せず、かつ古代中国正史類の連綿たる対日交流記を、そのまま読む以外にないのである。

さらに言えば、この見地が正当なものであることは、ここが肝心要の所であるが「委奴国王印」にせよ、卑弥呼にせよ、「倭の五王」にせよ、「日出る処の天子……」云々の国書にせよ、これらの日本古代史探求で決定的な記録は、古代中国正史類にしかなく、『古事記』『日本書紀』には真の意味では一語もないという点である。

この日中史料の根本的違いの真の意味を明らかにすることこそが、日本古代史探求のもっとも重要な学問的な課題なのである。

第二章　「邪馬壹（一）国」と「邪馬臺（台）国」

一　『後漢書』倭伝、范曄の註釈

「卑弥呼の都する所」の国名は「邪馬壹（一）国」（石原道博氏注、「ヤマイ」）と、『三国志』魏志・倭人伝に記されていることは、岩波文庫本の石原道博氏編訳、『魏志倭人伝、後漢書倭伝、宋書倭国伝、隋書倭国伝』（一九九一年、第五四刷）に掲載の「魏志」倭人伝「原文」の写真版（一〇七頁。注は同書四二頁）を見れば明らかである。『三国志』の原文が「邪馬壹（一）国」記載であるという事実にたって、「邪馬台国」よみを否定されたのが古田武彦氏の『「邪馬台国」はなかった』である。

この「邪馬臺（台）」か、「邪馬壹（一）」かという問題は、「倭は大和朝廷」という戦後の日本古代史学の基本的観念の誤りを、明らかにする性格を内在させているのである。つまり「邪馬台」を「ヤマトの音を写したもの」という見地を不動とし、そこにたって「近畿説のヤマトと九州説の山門」の対立等が論じられてきた、戦後日本古代史学の姿を根本的に否定する意味があるのである。それは先ず「邪馬壹（一）」は、これを「近畿大和」であれ「九州山門」であれ、「ヤマト」に比定する根拠がその音にないことである。すなわちこの「魏志」倭人伝の原文中の「邪馬壹（一）国」の「壹」字は、「倭は『大和朝廷』とは別の王朝」という、現在の大学的日本古代史学の、「大和朝廷唯一史観」の否定へと道を開く可能性を内在させた字であって、たった一字ながらも日本古代史の真実の探求で、最も重要な意味をもつものの一つなのである。

だからこそ日本の王朝は大和朝廷ただ一つという史観を絶対としている、大学的日本古代史学では「壹」の字は、いわば「永久追放」の憂き目をみているのである。例えば岩橋小弥太氏の『日本の国号』（吉川弘文館、一九九七年）に記される、『記・紀』以来の、しかも日中の「日本の呼称」約五〇個（各史料の重複をはぶいたものという。「国号のいろいろ」、同書一二頁）の内にさえ、「邪馬壹（一）国」は登場していないほどである。

さて日本古代史学が一致して、「邪馬壹（一）国」記載を否定する根拠にあげているものは、先ずは『後漢書』倭伝、ついで『隋書』俀国伝（タイコク＝大倭国への卑字の当て字、後述）の「邪馬臺（台）国」記載である。そうして「魏志」倭人伝の「壹（一）」は、「臺（台）」の誤写であるというのである。しかし、これは安易であろう。なぜならばただ字形が似ているから、誤写の可能性が高いというだけでは、同じ権利をもって「臺」は「壹」の誤写だといえるからである。

ここに一個の不思議がある。それは日本古代史学では真実か否かの決着は、それが事実か否かではなく、学者の多数意見で決められるという理不尽さである。理不尽という意味は、一七世紀以前においてヨーロッパでは「天動説」が絶対多数であった、というような性格の多数性だからである。この「多数決必ずしも真ならず」という姿は、本書においてさらに追求するところであるが、当然「壹は、臺の誤写」というだけではその逆もまた真という性格までは、否定できないのが論理のはずである。

しかし、それは無視されるのである。しかもその際、歴史書は一般的に、過去の事実に時間的に近い記録を尊重するのが自然とおもうが、それもほとんど問答無用とばかりに無視されている。日本古代史学では「魏志」倭人伝に、「邪馬壹（一）国」とあることは認めるが、『後漢書』倭伝、『隋書』俀国伝に、『邪馬臺（台）国』とあることを理由に、これを本来形であると称し、その説明を「ヤマト」の音を写したもの、と一致して称してきたわけである。この姿は従来の日本古代史学にとって、最も重要なものは「ヤマト」だということを示しはするが、それが正しいという事実による証明そのものを意味していない。

したがって大学の日本古代史学には、いわば「人に言えない陰」があっても、不思議はないのである。それは石原道博氏の先の書物の、『後漢書』倭伝の「原文」写真版には、「国、皆王を称し、世々統を伝う。その大倭王は、邪馬臺（台）国に居る」と読み下される文にすぐ続いて、「案今名邪摩惟音之訛也」（案じるに今の名、邪摩惟の音の訛れる也。同書、一一八頁）という注が、范曄の手で記されているのであるが、これが「邪馬台国」論争では一〇〇パーセント大学的日本古代史学によって無視されてきたのである。

この惟を「ト」とは読めないことは、漢和辞典をひけばあきらかであろう。私の手持ちの『漢語新辞典』（大修館書店）でも、『新字源』（角川書店）でも「イ（ヰ）」、ユイ」である。つまり「邪馬臺は『ヤマイ』の音の訛ったものだ」と范曄が註釈をしているのである。「イ」という音は中国語の「一」であろうか。

問題は例えばこの道の専門家である石原道博氏は、読み下し文等でこの注に一語も触れておられない点である。これは不可解であろう。『後漢書』倭伝の「邪馬臺（台）国」記載を理由に、「邪馬壹（一）国」記載を誤りと断じる以上は、これにかかわる范曄自身の注をまったく無視する態度は、学問の態度とは言えないことは明らかであろう。したがって『後漢書』の「邪馬臺（台）国」を、「ヤマト」の音を写したものという説明は、范曄自身の注が無視されているという点で問題があることになるのである。

1　なぜ「惟」？「邪馬壹」は「ヤマイチ」か

それにしてもなぜ「魏志」倭人伝が、「邪馬壹（一）」と記している「壹」が「惟」と記されるのかである。「惟」には「おもう」の他には助字として「ただ……のみ」という用法があり、その他には「これ」という意味があるが、先の注での「惟」は音をあらわす文字と考えるより他はないのではないだろうか。ゆえに「邪摩惟」は「ヤマイ」となると思われる。したがって「ヤマト」に結びつけることは難しい。しかも、そもそも「邪馬臺（台）」や、「邪靡堆」を「ヤマト」と読むのは難しく、読んでも「ヤマダイ～ヤマタイ」であろう。どうして「ヤマダイ～ヤマタイ」が「ヤマト」なのであろうか。「音が似ているから」では、いささか学問のことではないように思われる。

さらに難しい問題があるのではないだろうか。それは「魏志」倭人伝の「邪馬壹（一）」を当時の倭人が、「ヤマイチ」と発音していたかという問題である。古代日本人である倭人の数詞は二～三世紀ごろ、「ヒイ、フウ、ミイ、ヨ」か、或いは「ヒトツ、フタツ、ミツ、ヨツ……」といっていたのではなかろうか。現に『古事記』『日本書紀』の読み下し文の数詞は、「ヒトツ、フタツ……」が使われている。

ここに立てば「邪馬壹（一）」の倭人の発音は、「ヤマヒトツの国」というのが実際ではないかと思うのである。これを漢字から直に「ヤマイチ」というのは如何であろうか。しかも『古事記』の「国生みの記」に、例えば「天比登都柱」（アメノヒトツハシラ＝壱岐）が登場している。したがって「ヤマヒトツの国」というのが、本来の呼び名ではなかろうか。これを卑弥呼側が魏朝に上表した時に、「ヒトツ」に「壹」をあてたというのが、本来の姿ではないかという推測もできるのである。

2　壹が臺に「訛る」とは？

こう考えてくると「邪摩惟」を「ヤマイ」と読むとして、「邪馬壹（一）」が　范曄（三九八〜四四五）が活躍した五世紀の南朝劉宋では、「音の訛ったもの」として、「邪馬臺（台）国」と言われていたということになる。これは従来の「邪馬台国」論争を根本から一変させるものであろう。すなわち「邪馬壹（一）国」は三世紀のみならず、五世紀にも「今名」として「邪馬臺（台）」と「訛って」、存在しているということになるからである。

したがって「邪馬台国」東遷論は、あり得ないことになろう。すなわち従来の「邪馬台国」論争の一方の雄である「九州説・東遷論」は、正しく『後漢書』倭伝を読んでいれば、あり得ない議論でしかなかった、ということになるからである。ならば「やはり近畿説が正しかった」などと誤解しないでいただきたい。そもそも三世紀の邪馬壹（一）国が、五世紀にも同じ場所に存在したのであれば、例の「魏志」倭人伝の道里・方角記事にのみ集中した、「探求」や議論の仕方そのものが間違っていたことになるからである。

そもそも范曄は五世紀の南朝劉宋、すなわち「倭の五王」が交流していた王朝の史官である。その史官が後漢王朝の史書を編纂したのであるが、その読者は当然、五世紀の中国の人々である。

つまり三世紀の「邪馬壹（一）国」の所在地は、五世紀の「倭の五王」の都城＝首都と同じであるということになるのである。ここにたって三世紀には、「邪馬壹（一）国」と中国側でも言われ記されていたものが、五世紀にはなぜ「邪馬臺（台）国」と「訛った」のか、これが問題となるのである。したがって「邪馬壹（一）国」の所在地の探求で、重要なものは、〝壹が臺に訛る〟とはどう言うことか、ということになろう。

その一は、漢字文化の問題である。壹と臺は字形が「壹は臺の誤字」論者がいうように一見似ている。しかし、意味は正反対の場合があるのである。「壹」は一、したがって一位、一番の意もある。これに対して「臺」は周代の身分序列で、最低の身分をさす言葉なのである。『春秋左氏伝』に次の記事がある。

「天に（甲より癸《き》までの）十日あるごとく、人にも十級ございます。……十級とは、王の下には公（いわゆる諸侯＝元、中小の都市国家の君主）、公の下には大夫、大夫の下には士、士の下には皁《そう》（＝家来）、皁の下には輿《よ》（車等を引く人、日本の駕籠かきに相当？）、輿の下には隷（雑用がかり？）、隷の下は僚（召使）、僚の下は僕。僕の下には臺」（小倉芳彦氏訳、『春秋左氏伝・下』、九七頁、「昭公七年」（紀元前五三五年）、岩波文庫、二〇〇七年、第一三版。傍線は引用者）である。この場合の「臺」は多分、「台所」などに通じる意味に近いものではなかろうか。同時に臺は宮廷にかかわる表現に多用されてもいる。

『春秋』とその「伝」は古代中国史書のほまれたかい古典である。史官である范曄や『隋書』の編者の魏徴はいうまでもなく、古代中国の知識層が『春秋』に通じていたことは言うまでもないであろう。したがって『三国志』の読者が、「倭人伝」の「邪馬壹（一）国」を見て、「壹（一）がつくが、臺（台）の方が似合うんじゃないか」などと、悪ふざけをしないとは言えないであろう。これは漢字文化の一特徴であるかも知れない。漢字はきわめて優れた文化であるが、同時に落語に有名な「たいらばやしか、ひらりんか……」という言葉遊び等もある。音が漢字で意を転じる例では、「記・紀神話」の「アメ、アマ」がある。この「アメ」は本来は、海人をさす言葉でいまも海で素潜りをする女性をアマとう。この「アメ」から転じて倭人の一部族をさす名称が生れ、やがてこれに漢字の「天」をあてたのであるが、これが「皇国史観」時代、「天孫降臨民族」に転じたというようにである。つまり結論は、「邪馬台は邪摩惟（邪馬壹）の音が訛ったもの」、すなわち「邪馬台とは邪馬一のことである」。これが范曄自身の注の意味と考えられるのである。

二つめの問題は、五世紀にはいって「倭国」と南朝劉宋の関係上に、「一」を「台」に変えるような要因が中国側の心証におきたのではないかという推測である。三〜四世紀の時代には一部の人々が「邪馬壹（一）」を、中華意識から面白半分に「邪馬臺（台）」と言ったりした場合があった程度であったろう。しかし、五世紀になると両国の関係に若干の変化が見られる。それは『宋書』倭国伝の記述に示されている。

「倭王珍」は讃の死後、元嘉一五年（四三八）に中国に使者を派遣して、「使持節都督倭・百済・新羅・任那・秦韓・慕韓六国諸軍事、安東大将軍、倭国王」を自称して認めるように要望して、南朝側は「安東大将軍」を「安東将軍」に格下げして承認している。さらに済は元嘉二〇年（四四三）にも、「安東将軍」を受号しているが、これも済の要望は「安東大将軍」であったと考えられる。これが范曄生存中の「倭王」と南朝劉宋の、「安東大将軍」と「安東将軍」をめぐる受号問題である。

ちなみにこれをその後の姿でも検証してみると、「倭の五王」の最後の「武」も、また「使持節都督倭・百済・新羅・任那・加羅・秦韓・慕韓七国諸軍事、安東大将軍、倭国王」と称して四七八年に使者派遣をし、南朝は「百済」を削って「六国諸軍事、安東大将軍、倭王」に任じている。すなわち「倭国王」たちは必ずしも南朝に従順ではなく、朝鮮半島の支配圏を南朝の思惑をこえて、南朝側からいえば越権的にふる舞おうとしているわけである。南朝側は表向きは四六二年に「倭王世子興、奕世《えきせい》（＝累代）戴《すなわ》ち忠……」等の詔をして、「倭王」の忠誠を褒めそやしてはいるが、内心は、「分を越えて振る舞う者」という気持もあったと思われる。

こうした事情もあって南朝内部やその知識人等の間で、「倭の五王」の首都である「邪馬壹（一）国」を「一などと言っているが、臺に代えた方が似つかわしい名じゃないか」というような気分から、「邪馬臺」と称していたのではないかと推測するのである。これが『後漢書』倭伝中の「……案じるに今の名、邪馬惟の音の訛れる也」、の意味ではないかと考えるのである。

二　「使持節都督府」と「邪馬壹（一）国」

さて次に、「邪馬臺（台）」は「ヤマト」の音を写したという主張の検証としては、『隋書』俀国伝の「邪靡堆～邪馬臺（台）」を検討するのが順序であるが、ご承知のとおりこの「俀国伝」は、七世紀初頭の日中関係を記したものである。

ところが范曄は五世紀の人であって、すでに述べたとおり「倭の五王」時代の「倭国」の都城を、「邪摩惟の音が訛った邪馬臺（台）だ」と記しているのであるから、「倭の五王」の都城の所在地こそは、卑弥呼の都城ということになる。つまりは、そこが三世紀には「邪馬壹（一）国」、五世紀に中国で「邪馬臺（台）」と呼ばれた地である、ということになるであろう。そうしてそのような論理が、はたして成立するかを、『隋書』俀国伝の「邪馬臺（台）国」に関する記載で検証する、という順序で進むのが歴史的と思われるのである。

こうした見地にたてば実に五世紀の倭王の都城の所在地こそは、三世紀の「邪馬壹（一）国」である、ということである。それはまず「倭の五王」で有名な、『宋書』倭国伝の記載からも指摘できるところである。この『宋書』倭国伝で特に日本史的意義があるのは二点である。その一つが、「倭国は高麗の東南大海中にあり。世々、貢職を修む」という冒頭記事である。これは卑弥呼時代から倭の五王までを同一王朝としている記録であることは、『梁書』倭伝が「倭の五王」の直系の王統譜に、卑弥呼、壹与をあげている事実に照らせば明瞭であろう。

第二が、三世紀の「邪馬壹（一）国」とは、五世紀の「使持節都督府」の所在地でもある、という点である。戦後の大学的日本古代史学は、「邪馬台国＝大和説」と「山門説」等に分かれて、共に卑弥呼を「ヤマト朝廷」の始祖と称して、すなわち「大和朝廷一元史観」構築を意図して、奇妙なことに一方では「倭の五王＝大和朝廷論」に立ちつつも、その都城問題は不問に付して「邪馬一つの国」の所在地の探求を、「魏志」倭人伝と『後漢書』倭伝に閉じ込め、『宋書』倭国伝ははぶく――正確には後述するとおりに偽る――という態度をとってきたのである。

さて、「倭の五王」の都城は「使持節都督府」であることは、『宋書』倭国伝を読めば誰にでも明らかである。したがって「倭の五王はヤマト朝廷」というのであれば、それの遺蹟や痕跡が近畿大和になければならない。なにはともあれ「倭の五王」の都城である「使持節都督府」は、朝鮮半島の多くの国から朝貢を受ける、当時、中国南朝に次ぐ規模の国際都市である。したがって日本本土の中で「使持節都督府」の所在地を探せば、「近畿説対九州説」の延々とした「論争」などは不用であることは、誰にでもわかることであろう。

何故そうしないのか。答は「倭の五王の都城」である「使持節都督府」の痕跡を探せば、「邪馬台国・近畿説」も「九州説・東遷説」、また、「九州説・大和朝廷に滅ぼされた論」も、即時に全面崩壊するからである。

というと、もしそうであれば今までの学者の態度は、あまりにもひどいではないか、という方もおられるかもしれない。私は「そのとおり」という立場である。さて、原点にもどって探求を続けよう。

それは太宰府――近畿地方に「都督府」の痕跡なし

それは太宰府である。今日、日本本土でこの「都督府」の名称やその痕跡があるのは、全国でただ一つ太宰府の「都府楼跡」しかないのである。この「都府楼」は今日もJR鹿児島本線では「都府楼南」、西鉄大牟田線では「都府楼前」という駅名で残っている。いったい「都府楼」とはなにか。黒田藩の儒学者・貝原益軒（一六三〇～一七一四）は、その著『筑前国続風土記』で、「都督府の楼なれば、都府楼といへる也」と述べている。さらには菅原道真が「不出門」という詩で、「都府楼は纔《わずか》に瓦の色を看る」とうたっている。非常に古い、しかも、日本古代史の真の影をやどした名称である。それればかりではない。

大学的日本古代史学の都城研究者もまた、当然「都府楼」の名は熟知している。たとえば「福岡県太宰府市のほぼ中央部に『都府楼』の名称で親しまれている一画がある」（中尾芳治、佐藤興治、小笠原好彦氏著、『古代日本と朝鮮の都城』、二〇二頁、ミネルヴァ書房、二〇〇七年）。しかし、この都府楼とはなにかという説明は語られないのである。ただ地元の古来からの人々が「都府楼」という名を、学者風の「太宰府政庁跡」という呼称よりも親しみをこめて、伝統的に保持してきたのである。九州には国や学者には無視されながら、国宝級の仏像等が地元の部落の人々の連綿たる努力で、今日に伝えられている（大分県国東半島等）などの例がある。

それればかりではない。『日本書紀』等が「磐井の乱」という「磐井」にかんする『風土記』(「筑後国」)に、「磐井」の墓の記述がある。そこに「筑後の国の風土記に曰く、上妻《かみつやめ》の縣《あがた》、縣の南二里に筑紫君磐井の墓墳あり」で始まる、日本史解明で重要な記述がある。この中に、「東北の角に当たりて一つの別区《ことどころ》あり。號《なづ》けて衙頭《がとう》と曰ふ。衙頭は政所《まんどころ》なり」という一節がある。

古田武彦氏はこれを指して、「衙頭」の『頭』はほとり、本体は『衙』であることを指摘され、「この『衙』とは大将軍の本営をさす言葉、『牙』という字で書くこともある。『牙旗』とは大将軍の旗」(『古代は輝いていた・II』、二四三頁、朝日新聞社、一九八五年)と指摘され、中国側は最初からは「大将軍」を認めていないが「倭の五王」の一人武は、「自ら使持節都督……七国諸軍事・安東大将軍・倭国王と称す」(『宋書』倭国伝)などとして、さらには「武が、『開府儀同三司』を自称している」(『宋書』倭国伝)……すなわち『——府』を開いていた」(前掲書二四四頁)点をも指摘されている。

つまりこの「磐井」と「記・紀」が呼ぶ人物は、自分が造営した墓に堂々と自らを古代中国王朝下の「大将軍」職を名乗り、「衙頭」を開いていたと記しているのである。中国側は「将軍を容認」、磐井「倭国」側は「大将軍」を要望しつづけたという違いはあるが、また、そこを「衙頭」と呼ぼうとよぶまいと将軍職の「都督府」をおくことは、中国南朝からみてもあまりにも当然のことである。したがって「倭の五王」探究の要は、この「都督府」の所在地とその遺蹟、その規模の探究が基礎でなければならないのである。つまり卑弥呼の都は、この「都督府」なのである。

正誤表

四五頁「倭の五王」該当天皇の「在位年数」および「年齢」

天皇名	在位年数（正）	在位年数（誤）	年齢（正）	年齢（誤）
仁徳	八七	一八七	八三	一一一
履中	六	六一	六四	七〇
反正	五	五一	六〇	
允恭	四二		七八	
安康	三	三一	五六	五二
雄略	二三		一二四	二四

注1　年齢は『古事記』

注2　雄略の年齢が一二四歳とあることから、この時代今日の一年を春と秋で二年と数えた（古田武彦氏著、『失われた九州王朝』参照、ミネルヴァ書房）

なお、南朝が「倭国」に「将軍」職を承認したのに対して、「倭国」が「大将軍」や「七国諸軍事……」を称したことは、「倭国」と中国のその後の王朝との関係に、悪影響を及ぼした可能性もあるかもしれない。当時の中国には南朝、北朝の対立が民族問題を基礎に展開されていたとはいえ、それは中国内部のことであって、いったん統一中国が出現すれば、それぞれの対外政策は継承・維持される場合もあったと考えられるからである。

日本古代史探求史上で太宰府等を「邪馬一国」の所在地とされた最初は、古田武彦氏（『「邪馬台国」は

天皇名	在位年数	年齢	宮（みやこ）名	所在地
仁徳	一八七	一一一	難波の高津宮	大坂城付近という。不明
履中	六一	七〇	磐余の稚桜宮	奈良県桜井市付近〜磐余池付近かという
反正	五一	六〇	柴籬宮	「河内の丹比」。大阪府羽曳野市丹比付近という
允恭	四二	七八	遠つ飛鳥宮	奈良県明日香村・不明という
安康	三一	五二	石上の穴穂宮	奈良県天理市田町という
雄略	二三	二四	泊瀬の朝倉宮	奈良県桜井市大字泊瀬――諸説あって不明という

なかった』）であり、また放射性炭素14C年代測定値等をも探求されて、太宰府論を補強された人は内倉武久氏（『太宰府は日本の首都だった』、ミネルヴァ書房、二〇〇〇年、初版）である。大学的日本古代史学はこれらを無視しているが、客観的には真実の日本古代史学の画期を開いた、真の偉業であると考えるものである。それを考える上でも重要な意味があるのは、戦後の大学的日本古代史が一致して、「倭の五王」にあてる「天皇」の「宮」＝都城問題である。

三　再び都城問題

ここで問題になるのが先の『日本書紀』の記事の、「神武」から天武天皇まで「神功皇后」をいれて四〇代の天皇には、天皇一代限りの「宮」しかなく、「京」（都城、首都）がないという事実である。

つまり五世紀、東アジア世界で中国に次いで大国という「倭国」を、「大和朝廷」とすると別表のとおり当時の「大和朝廷」には、首都がないという奇々怪々の姿となるのである。言わずと知れた首都とはその国家の力を端的に示すものである。したがって「倭の五王」〜七世紀初頭の時代、「倭国」は中国に次ぐ堂々たる都城を構えていたのは、『隋書』俀国伝の「新羅、百済、皆俀を以て大国にして珍物多しとなし、並びにこれを仰敬し、恒に通使・往来す」（『隋書』俀国伝。傍線は引用者）で明らかであろう。

したがって五世紀時点での新羅、百済、「倭国」の国力を正しく知る必要があるが、これの尺度としてもっとも有効なものが、当時の三国の首都の規模の比較である。これを行うにあたって強調すべきは、当時の「大和朝廷」には表で示したとおりに、都城がないという動かすことのできない事実があることである。大学的日本古代史学は、これからのべるとおり新羅、百済等の都城の歴史に関しても「研究」をしている。しかし、その規模に対して五世紀～七世紀の「大和朝廷」の「宮」が、あまりにも貧弱であるという事実に関して、語ろうとは断じてしないのである。そうしてこれを巨大「前方後円墳」で代位させようとするのである。しかし、実は巨大都城がない「王朝」には、巨大「前方後円墳」の造営など論外であることは指摘した。以下、五世紀の新羅、百済の都城の規模を概観しよう。

新羅の都城

新羅の建国は『三国史記』によれば紀元前五七年、わが国の北九州の「倭奴国」が後漢王朝から極東世界で中国に次ぐ大国として、金印を授与された年のわずかに約一〇〇年前である。さて『三国史記』によればこの年から新羅滅亡の九三五年、敬順王まで約一〇〇〇年間、一貫して慶州を都城としている。うち四七八年までを慶州・金城、四七九年照知麻立干以降は慶州・月城に王宮を移転した（金富軾著、『完訳三国史記』、金思軾訳、八七九頁、明石書店、一九九七年。傍線は引用者）。

「慶州の王京については、京都に坊里の名を定める（四六九年）というように王京内に方格地割による都市計画を行ない、市《いち》を設ける（四九〇年）など、都市の拡充と整備を進め、六世紀中ごろには三国（朝鮮半島内の三国、引用者）のなかで最も中国の都城に近い都市を完成させ、盛時には京中に一七万戸があったという……」（『古代日本と朝鮮の都城』、二五八頁）とある。なお「条坊。坊里」の規模については、「東西四・三キロ、南北三・九キロ」と日本の学者はしている（同書、二五九頁）。

百済の都城

百済のはじめの都城は慰礼城であった、と『三国史記』ではされている。古尓王《こじおう》（二三四〜二八六）の時に、「六品の官品制度」（二六〇年）を敷いて国家体制を整備している。この古尓王は卑弥呼の時代の百済王であろう。近肖古王の時（三四六年）に漢山に移動し、その後、百済は「四世紀にはいると近肖古王は高句麗の平壌城（平壌遷都以前）を陥落（三七一年）させ、……高句麗、新羅と鼎立する国家に発展」。「しかし、高句麗の広開土王が即位（三九一年）すると百済に対する攻略が激化し、四七五年には高句麗の長寿王が率いる三万の軍によって首都漢城は陥落し、蓋鹵王は捕らえられ、蓋鹵王の子文周王は南の熊津（公州）に遷都する」（『古代日本と朝鮮の都城』、二四四頁）。つまり三万の軍で攻められるほどの都城があったのである。

今日、調査の結果、首都漢城の王城が実は慰礼城とされ、「一九九七年に高層アパート工事現場の地下約四メートルで遺物包含層が見つかったのを契機に四件の緊急調査が行なわれた結果、紀元前一世紀頃の環濠初期百済時代の大形建物、住居の遺構等原三国時代から初期百済時代の各種遺物が確認された。一九九九年には東面土城の調査によって幅四三㍍、現在高一一㍍の巨大版築土城壁が確認された。少なくとも三世紀には完成していたことがわかった」（『古代日本と朝鮮の都城』、二四五頁。傍線は引用者）。この三世紀には存在したと言われる巨大な版築土壁の遺跡からみると、「世代交代毎の宮」しかない「大和朝廷」との力の差は、歴然たるものであろう。

　次の熊津は「王宮を山城内に設け、周囲に官衙、寺院等を配置するが、要害の地ではあったが狭隘なために、聖王一六年（五三八）に熊津の南の泗沘（扶余）に再度の遷都をした」（『古代日本と朝鮮の都城』、二四四頁）。熊津は、公州師範大学が王宮推定地を調査して、「大形礎石建物、半地下式建物、円形蓮池等が確認され、半径一二キロの範囲に一二の山城が配置」（同書、二五〇頁）という。

　泗沘が百済の最後の首都であるが、この地の羅城の基底幅は二〇㍍、この羅城に囲まれた区域内には、貴族、その他の居住地域を上・前・中・下・後の五部に分けていたとあり、今日、条坊復原が進められ南北大路（幅八・九㍍）、直交する東西小路（三・九㍍）とで区画された、南北一一三・一㍍、東西九九・五㍍のやや東南に長い方格地割と、官北里一体にやや大きい区画を想定している」（前掲書、二五五頁）とある。

四 「倭の五王・大和朝廷論」の破綻

以上、概略的に新羅と百済の都城の規模を述べてきた。「倭の五王」が、自国に朝貢すべき国家として自身が名指しで新羅と百済をあげて、中国の南朝にその承認を求めているが、その都城の規模は、日本古代史学によって「倭の五王」に該当させられている、先に表記した「仁徳から雄略天皇」の、一戸建住宅水準で所在不明の「宮」とは、比較にならないほど大規模である。

国家の力を示す都城の規模から比較して、「仁徳から雄略天皇」の日本を当時の新羅・百済が、「……大国にして……これを仰敬し……」などという対象になり得ないことは明らかであろう。もしこれを『隋書』俀国伝は七世紀初頭に当たるから、五世紀の「倭の五王」とは比較できないという人がいるとすれば、その人は七世紀初頭において、五世紀の新羅、百済の都城を凌駕した五〜七世紀初頭の「大和朝廷」の数百年から一千年におよぶ都城を、是非お示しいただきたいものである。

しかも現実に『宋書』倭国伝も『隋書』俀国伝も、「倭国」が新羅、百済を凌駕した、東アジアで当時の中国に次ぐ大国であることを示す記録をしている。したがってこれらの古代中国正史類の、日本本土にかんする記載が事実であれば、五世紀〜七世紀に新羅・百済をはるかに凌駕した都城が、「邪馬壹（一）国」の地に存在しなければならないことになるのである。すなわち文献記載と考古学的遺物の一致という世界の科学的・実証的歴史学の方法が、太宰府・都督府で検証できなければならないのである。同時にそれを検証することは、古代中国正史類の対日交流記の真偽と水準をも問う試金石となるのである。

五 『宋書』倭国伝——「倭王武」の証言

この太宰府・都督府の具体的な姿を述べるまえに、戦後の大学的日本古代史学が一致して、まさに「白を黒という」式に国民に説明してきた、『宋書』倭国伝中の「倭王武の上表」の一節をここに取りあげておきたい。これは日本古代史の真実の探求で、重要な「倭人自身の文章」をさえ、大学的日本古代史学が如何に公然とねじ曲げるか、の一見本でもあるからである。

それは有名な次の一節である。「昔より祖禰躬ら甲冑を擐き、山川を跋渉し、寧処に遑あらず、東は毛人を征すること五十五国、西は衆夷を服すること六十六国、渡りて海北を平ぐること九十五国」（傍線は引用者、なお、東西の国数の合計は「百余国」。これが倭国の範囲。つまり、当時全日本には「百余国」以上の「クニ」があった）である。

いうまでもなく大学的日本古代史学は、この東西を近畿大和にたって〝東は蝦夷、西は九州〟と一致して述べている。しかし、それでは「渡りて海北」と西・東が両立しない。この「渡りて海北」とは九州にたって朝鮮半島をさす方向指示である。したがって通説のように近畿大和を中心に理解すれば、朝鮮半島は「渡りて海西」の国とされていなければならないことは、云うまでもないであろう。ここに立てば「倭王武」は、九州の一点にたって東西を述べていると理解するのが正当となる。

『日本書紀』『古事記』でも近畿地方から朝鮮半島をいう場合、例外なく「海西の国」としていることは周知のことであり、またそれは当然でもある。さらに北九州にたって「海北」の方向を指示したものは、筑紫〜朝鮮半島の方向としている。これもいうまでもない。「東西南北」にイデオロギーなどは存在しない。にもかかわらず日本古代史学では東西南北という、「地球的普遍性」をさえ平然と無視して憚らず、この問題を指摘した最初が古田武彦氏の『失われた九州王朝』（朝日新聞社、一九七三年）であが、しかし、古田氏の指摘は今日も無視されたままである。「東西南北という問題をさえ無視するのは学問としてどうか」、という声も公式のものとしてはないようである。驚くべき姿である。

つまり「倭王武」は首都を北九州と公言しているのである。そうして都督府＝太宰府は今日もそこにあるのである。また世界の古代史学の、古代国家の最初は都城を核とした都市国家として生れるという見地に立てば、五〜七世紀の「大和朝廷」は当時の新羅、百済を凌駕するどころか、都城がないと、大和朝廷の正史『古事記』『日本書紀』自身が記すところである。

1　都城・太宰府の実像

太宰府の造営に天智時代の大和朝廷がかかわっていないという考え方は、単なる解釈ではない。まず、太宰府が「山城」を配置した高句麗、新羅、百済の都城と同一の形式であるという点である。大学的日本古代史学でも太宰府を、「朝鮮式山城形式」とはいうが、なぜ太宰府が「朝鮮式山城形式」なのかの説明は、『日本書紀』「天智紀」の、「四年八月」の〝百済人を派遣して長門と太宰府の大野城と基肄城を築かせた〟という記事に任せている。一国一王朝の肝心要の防衛施設の造営を外国人に任せるという記事も異様であろう。太宰府が「朝鮮式山城」形式をとるのは、歴史的に朝鮮諸国と関係の深い「倭国」の都城だからである。この日本史的意味が抹殺されてきたのである。それらを次節で実証的に探求しよう。

① 諸施設の規模

（1）大水城一カ所

全長	約一、二キロ	外堀・全長	約一・二キロ
土塁の高さ	約一三メートル	外堀・幅	約六〇メートル
土塁の基底部幅	約八〇メートル	外堀・深さ	約　四メートル

（土塁部分、田村円澄氏編、『古代をかんがえる　太宰府』、四八頁、「外堀」、一三三頁、吉川弘文館、一九八七年）

② 造営労力

土量　三八万四〇〇〇立方メートル　一〇トン積みダンプカー六万四〇〇〇台

作業人員数　延べ約一一〇万人。（沢村仁・元九州芸術工科大学教授の試算。内倉武久氏著、『太宰

府は日本の首都だった』、一九〇頁、ミネルヴァ書房、二〇〇一年、第二版）。以上は大水城のみであってこの他にも幾つかの水城の存在が指摘されている。

③ 大野城と基肄城

太宰府は北に大野城が、南に基肄城が太宰府をはさむように建てられている。

「大野城は、約六・五キロの土塁をめぐらし、河谷の水流部は石畳をつくり、両端は石垣となっている。北側の百間石垣がある宇美口、および南辺の太宰府口、坂本口、水城口の四箇所に、城門の遺跡がある。また城内の八箇所から七〇棟の遺構が確認された」（田村円澄氏著、『大宰府探求』、四五頁。吉川弘文館、一九九〇年、第一刷）。典型的な山城である。

基肄城についても「約三・八キロの土塁をもち、石塁・石垣が各所に残存している。城門跡として確認できるのは二箇所である。城内の建物は約四〇棟あったと推定される」（同書、同頁）とされている。

④ 東西二・四キロ、南北二・二キロの日本初の条坊都市

太宰府は『条坊都市』という。「郭内は一町（約一〇〇メートル）を単位として、正方形の碁盤目状に街路が走り、左郭、右郭それぞれ一二坊、南北二二条となる。中央北端には方四町の府庁（太宰府

政庁）がおかれ、その東に方二町の学校院、さらにその東に観世音寺が方三町の寺域を占めている」（『古代を考える「大宰府」』、一一〇頁）とある（この規模は確定的ではないと考える）。

こうした規模の工事を唐・新羅連合軍に敗北した直後に、「天智天皇」の指示で造営したというのが、『日本書紀』と大学的日本古代史学の説である。しかし、白村江の決戦の大敗直後、唐・新羅連合軍の日本本土来襲の危機のなかで、動揺する北九州の一角で七世紀のなかごろに、右の巨大事業が可能かを問えば、答はあまりにもあきらかであろう。これを当時の社会の生産力から考えても、不可能であることは例えば「大水城」の造営一カ所をあげても、多くを語る必要もないであろう。現に、通説にたたれながらも、「いま遺構を残す水城・大野城・基肄城の造営について、竣功までに相当な期間を要した、とする仮説を想定する必要があるのでないか」（『大宰府探求』、四六頁。傍線は引用者）とされている。

さらには、「『日本書紀』は水城や大野城・基肄城の築造については記述するが、中枢となるべき施設ないし建物などについては、一言もふれていない。外郭防衛の造営が先行し、中枢部の造営がおくれたことも考えられるが、しかし防衛されるべき中枢部について、文献資料から解明する手だてはない。それだけではない。水城や大野城・基肄城などによって、厳重に防衛されることになるはずの中枢部の名称、いや外郭防衛の諸施設を含む全機構の官衙名についても、『日本書紀』は無言である。これだけの規模の造営工事を実施しながらも、中枢部の機能や、施設全体の官衙名を明記しなかったのは、異例というほかはない」（『古代を考える「大宰府」』、五頁。傍線は引用者）とも指摘されている。その限りでは正当な指摘と考える。

2　太宰府の造営年代

大学的日本古代史学の太宰府造営年代の根拠は、『日本書紀』と「土器編年」である。それは「宣化紀」の五三六年の「官家の修造」記事を史実とし、「磐井の乱」以降に「那津官家」が建て直されたという視点に基礎をおき、さらには「推古紀」にある「筑紫太宰」云々をふまえて『日本書紀』の記載をもとに、いろいろ「考察」をするという姿勢である。

が、しかし結局、「筑紫太宰の時代（前期・六〇八～六六三）を通じて、筑紫において海外の客の施設としての『館』の存在を、文献史料の上で確認することはできない」（『太宰府探求』、二七頁。傍線は引用者）という始末になるのである。つまり『日本書紀』の「前期」と通説が分類する期間の記事は、当時の「大和朝廷」の事実ではないので、結局は確証しえない性格の記事なのである。この点が通説の研究者によって指摘されたということである。

こうしてかなりハッキリと太宰府政庁が「大和朝廷」との関連でも確認できるのは、六六三年の「白村江の決戦」での通説にたてば「天智朝」、すなわち真実の日本史では、「倭国」の大敗と唐の筑紫占領以後になるのである。通説は太宰府の中枢、いわゆる太宰府政庁の歴史的な考察で、「白村江の決戦」から七世紀末を「一期」とし、八世紀初頭からを「二期」とするのである。この一期～二期の太宰府政庁の造営年代の設定は、もちろん「土器編年」である。

①　通説の造営年代

第一期の造営年代への通説の説明も引用できるが、煩雑なので第二期造営にかんして述べるにとどめる。「南門跡と中門跡の基壇中から出土した須恵器の短頸壺二点がある。……中略……Ⅱ期政庁の造営年代を決める有力な資料である。この短頸壺の年代については胴部の最大径の上昇ないし下降といった形態的変化、ないしは胴部の張りなどに注視すれば、八世紀前半を下らないものと考える」（『太宰府政庁跡』、三八六頁、九州歴史資料館編集・発行、吉川弘文館、二〇〇二年、第一刷。傍線は引用者）である。如何であろうか。年代設定の根拠が、壺の胴部分の〝膨らみや張り具合〟への「注視」なのである。

②　放射性炭素14C年代測定値

（1）福岡市・鴻臚館遺跡の測定値

Ⅰ　四三〇年±九〇年

Ⅰは、福岡市の大濠公園の近くの「平和台球場」付近にあった、鴻臚館の便所の一番底にへばりついていた木片（古代人が用便のあと使ったという今の紙の代わりで「注木」といわれる）。

Ⅱ　五一〇年±一二〇年

Ⅱは、深さ約三メートルの便槽の底の方にあったもの）。測定依頼者・福岡市教育委員会。測定者「財団法人九州環境管理協会」（『太宰府は日本の首都だった』、一一三頁）。

（２）「大水城」の測定値

西暦四三〇±三〇年

測定機関（「九州大学理学部・放射性同位元素総合実験室（当時）、『一九七四年、年代測定結果集』、測定者、坂田武彦氏。『太宰府は日本の首都だった』、一九二頁）

なお内倉氏は坂田氏の測定にかんして、「……坂田さんの時代はまだ、放射性炭素の含有量の補正がされていない時代の測定値」とされ、「最新データーで測定値を補正してみると、五四〇年ごろになりそうだ」という注釈をされている。同時に「水城の築造を五〜六世紀」ともいわれてもいる。

本書は、次にとりあげる『太宰府政庁跡』記載の第二期庁舎建築の時期にかかわる、14Ｃ年代測定値でも四三〇年代が記されていることから、また、太宰府政庁跡が後述するとおり古来より現代にいたるまで、「都府楼」と地元で呼ばれている事実をも斟酌して、五世紀を採用した。

③　**『太宰府政庁跡』**

１「焼け落ちたⅡ期の瓦を破棄した土壌中の確実に焼土層にある瓦の内側の炭化物

測定年代ＡＤ　四三五年〜六一〇年

2「Ⅲ期整地層下位のⅡ期雨落ちと考えられる溝状遺構中の炭化物。
測定年代ＡＤ　六四五年～八五〇年
3「Ⅲ期整地層中に封入されたもの」
測定年代ＡＤ　一一八〇年～一二九〇年
『太宰府政庁跡』掲載の「Ⅶ章　自然科学分析」（太宰府政庁正殿跡における放射性炭素年代測定、同書、三五三頁）

以上であるが、いずれの測定機関の値も、太宰府の諸施設の存在年代を14C年代値で四三〇年代と示されている。太宰府政庁第二期建物の造営年代では、通説(七一六年)と最大で二八七年の差である。通説の「土器＝日本書紀」編年との差が示すものは、水田稲作での北九州と近畿地方の差の場合同様、大学等の自然科学的研究部門と日本古代史学専攻部門の違いと対立なのである。そしてこの事実は『日本書紀』の七世紀以前の記載が『古事記』もろとも、日本史の事実を反映していないことを示すものである。したがって『日本書紀』中心主義で、「太宰府探究」をまとめた九州歴史資料館編集・発行の『太宰府政庁跡』が、自身が依頼しておこなった右の建物（正殿跡）の14C年代測定値に全く沈黙しているのも、通説の「学問」では決して珍しくないものと云うべきであろう。以上の自然科学的年代測定値が明らかにするものは、この太宰府政庁ならびに大水城等や大野城・基肄城が、「倭王・讃」時代には存在したことになるという、大変な問題である。

3　都城　太宰府――「倭国」文章の残滓

『日本書紀』という文献の資料的特質については、拙著『消された日本古代史を復原する』で詳しく述べた。戦後の大学的日本古代史学でさえもが、『日本書紀』が古代中国王朝の正史類や古典、さらには古代朝鮮の正史類や古記録を盗作というのがもっとも適切な手法で、切り取っている事実を指摘している。だがしかし、いっそう研究の必要があるのが、古代「倭国」や抹殺された東国の王権等（『日本書紀』、安閑元年、武蔵国国造・笠原直使主《かさはらのあたひおみ》と、同族小杵《おき》の争い。欽明の九年、上毛野君形名の蝦夷討伐記等）の文献からの、なにくわぬ顔での盗作や改竄をしている、と考えられる記事があることである。太宰府にかんしても一～二を例証できるほどである。

①「持統五年（六九一）の春正月……中略……丙戌《ひのえいぬのひ》（＝一四日）に、詔して曰《のたま》はく、直広肆筑紫史益《ぢきくわうしつくしのふひとまさる》、筑紫大宰府典《つくしのおほみこともちのつかさのふびと》に拝《め》されしより以来《このかた》、今に二十九年。清白《あけらけ》き忠誠を以て、敢へて怠情《たゆ》まず。是の故に、食封五十戸、十五匹、綿二十五屯、布五十端、稲五千束賜ふ」（岩波書店、日本古典文学大系・『日本書紀・下』、五〇八頁）とあるのがそれである。

持統五年（六九一）正月から二九年前とは、六六三年である。すなわち白村江の敗戦の年に、「直広肆筑紫史益、筑紫大宰府典」が実在していたという記事である。さらには「直広肆筑紫史益」を『日本書紀』校注者等は、「他に見えず」と同頁の上段注「三」でいうのである。この記事について通説にたたれる方が、

「大宰府は六六三に成立したといわれるが、とすれば、(この記事は) 中央官制さえも整備されていない段階で四等官制を備えた官司が成立していたことになる。……ただちに従うことはできない」(『古代をかんがえる　大宰府』、倉住靖彦氏著・「太宰府の成立」、五八頁) と云われている。しかし、この記事は「倭国」文献から持統紀に切り貼りしたもの、というのが最も正確で適切と考える。

②「……夫《そ》れ筑紫国は、遐《とほ》く邇《ちか》く朝《もう》で届《いた》る所、去来《ゆきき》の関門《せきと》にする所なり。是を以て、海表《わたのほか》の国は、海水《しほ》を候《さもら》ひて来賓《まう》き、天雲を望《おせ》りて貢奉る。胎中之帝より、朕が身に泊《いた》るまで……」(同『日本書紀・下』、宣化紀、五八頁)。

この筑紫国を正面にかかげた文章は、「天雲を望《おせ》りて貢奉る」としている。つまり筑紫国を天雲を仰ぎ見るように仰いで貢奉る、といっているのである。この文章に該当するものは「倭の五王」である。太宰府は筑紫国にあるのである。先述のとおり近畿大和地方には、「都督府」の痕跡も、巨大都城太宰府に匹敵する都城もこの時代にはない。

また、もしこれを「大和朝廷」が書いたといってみても、「夫れ筑紫国は、遐く邇く朝で届る所……是を以て、海表の国は、…………天雲を望りて貢奉る」というのはおかしいであろう。この表現では「仰ぎ見られる天雲」は「筑紫国」である。したがって「大和朝廷」の文書ならば、「大和の国」とか「難波津は」とかいうべきであろう。以上からこの「胎中之帝」はつけたしということが判明するのである。

六　『隋書』俀国伝「邪馬臺(台)国」の意味

さて、大学的日本古代史学が『後漢書』とともに、「ヤマト」の音を写したものという根拠に上げる「邪馬台国」記載は、『隋書』俀国伝の、「都於邪靡堆、則魏志所謂邪馬臺者也」(邪靡堆に都す。すなわち『魏志』の、所謂邪馬臺(台)なる者なり)である。この邪靡堆の「堆」は「惟」の誤写の可能性も考えられよう。がさて、ここに大学的日本古代史学の一貫した奇妙な体質として、中国史書の原文を無視するという、大きな問題があることを重ねて指摘しておきたい。大学的日本古代史学のこの習性は、『隋書』俀国伝でも如何なく発揮されている。『隋書』の東夷伝には「俀国伝」しか存在せず「倭国」記載などはないのである。これに反して『隋書』帝紀には、「倭国入朝」が二カ所にわたって記されている。つまり、日本本土から二つの「政治勢力」が隋と交流していることになるのである。

これにかんしては古田武彦氏の『失われた九州王朝』中の、「違和の国交」(二九五頁)〜「俀と倭の間」(三〇五頁)等に詳細に分析されている。いずれにせよ石原道博氏訳の先述の岩波文庫本の、「原文」写真版(一二九頁)を見れば「俀国」とある。「倭国」ではないのである。しかも「俀国」記載はあたかも「邪馬壹(一)」を、「邪馬臺(台)」に変更した事情を彷彿とさせる、政治的背景があることはこの後で述べる。

ここでの肝心な問題は、大学的日本古代史学が「ヤマト」の証明とする、先の「邪靡堆」記載を含む一節を、卑弥呼の都する国は「邪馬臺（台）国（邪靡堆）」、すなわち「ヤマト」であると魏徴が述べていると読めるか、という問題である。その一番中心点は、「則ち『魏志』の所謂邪馬臺（台）なる者」という表現である。「俀国」の首都が単に「邪靡堆」だというだけならば、「邪靡堆に都す」で十分と思われる。

にもかかわらず「邪靡堆」をさらに説明して、「則ち魏志の……」とつけ足しているのである。この一節を考えるに、まず史官たる魏徴はもちろん、当時の隋朝とその知識層は「魏志」倭人伝を、当然、承知していたはずであろう。すなわちそこに卑弥呼の都する国名が「邪馬壹（一）国」と明記されている事を、十二分に承知していたと考えるべきであろう。

さらには、『後漢書』の「邪馬臺（台）国」記載と、それへの范曄の註釈も熟知していたであろう。また古代中国で史書の著名な古典と敬われる『春秋左氏伝』に、「臺」が最下位の身分を示す語とあることも、魏徴等は当然知っていたであろう。つまり魏徴がここでわざわざ「魏志」の名を指摘している事実は、「魏志」をここに掲げることによって「卑弥呼の都する所」の国名が、「邪馬壹（一）国」であるということを指摘していると考えるべきだ、ということである。

では、なぜ「邪靡堆に都す。則ち『魏志』の邪馬壹（一）国也」と書かなかったのか。これこそが『隋書』俀国伝の性格の一面を物語る由縁のところである。それが「いわゆる邪馬臺（台）なる者」である。これは「邪靡堆に都す。則ち『魏志』の邪馬壹（一）国、一般的に中国では邪馬臺（台）国と呼ばれているものだ」、と言っているのだと、私は考えるのである。

つまり魏徴は、「邪馬臺(台)」を是非強調したかったのである。なぜか。それはあの有名なタリシホコ(多利思北孤、俀国伝原文。通説はタリシヒコに原文改竄。天皇の名にホコがつく名がないための改竄)の隋の煬帝あての国書、「日出ずる処の天子、書を日没する処の天子に致す、恙なきや、云々」を見れば自ずから明らかであろう。隋を「日没す国」、自分を「日出ずる国の天子」と称しているのである。これを読んだ煬帝は、「蛮夷の書、無礼なる者あり。復た以て聞するなかれ」と激昂している。

「野蛮人の国書には礼を知らないものがある。こんな類のものは二度と取次ぐ必要はないぞ」、とでもいうものであろう。これはひとり煬帝だけの気分ではなく、当然、隋朝(魏徴の属した唐朝も同じ)の気持でもあるとおもわれる。したがってこんな国書をよこした「大倭国」(タイイ国)を東夷伝に記すに、国名を「大倭国」とすべきを「弱い」を意味するほぼ同音の「俀」(タイ)をあてた(古田武彦氏)のである。

しかし、それでも気持がおさまらず、あえて卑弥呼の都城のある地域の国名である、「魏志」の「邪馬壹(一)国」をもちだして、これみよがしに「いわゆる邪馬臺(台)なる者である」と、やっつけているのである。「東の国の天子などと称し、わが国を日が沈む国などといっているが、自分はどうだ、『邪馬壹(一ツ)国』などといっているが、わが国では最下位の『臺』が似合うと言われる国ではないか」と。これが『隋書』俀国伝中の「則魏志の所謂邪馬台なる者なり」の意味であると考える。

つまり古代中国の正史類は第一に政治の記録であって、「倭国」との人的交流記載も外交の記録である。その時々の両国関係をも漢字文化で、したがって「中華思想」をも多少は反映しつつ記録したものである。

このために両者の関係如何では、相手の国名や首都の地の「国名」をさえも、註釈をくわえつつも異なる漢字をあてることとは、同じ漢字文化の影響下にある者ならば、「邪馬臺（台）」は、「ヤマトの音を写したもの」という場違いの先入観にとらわれなければ、理解できるものと考える。したがって『隋書』俀国伝とその首都名の記載にかかわる表記の例は、『後漢書』の「邪馬臺（台）は邪馬壹（一）国の音が訛ったもの」、という註釈の意味を理解するよい助けとなると考えるものである。

同時に再度強調しておきたいことは、古代中国正史類は「邪馬壹（一）」を変更するのに、その立場に立てば容易に理解しうる註釈をつけているのに反して、大学的日本古代史学は、『隋書』の俀国記載の事実とその意味内容を国民に明らかにせず、問答無用で無視し、「倭国」と原文を改竄するのであるが、如何であろうか。古代中国と近世以降の日本古代史学の態度の、どちらが正常であり異常であろうか。

タリシホコの都は卑弥呼の都――『隋書』俀国伝

つまり二〜三世紀の卑弥呼の都城のある国の名は「邪馬一つの国」であって、同時にここはタリシホコの都城でもある、と云っているのである。これは「天皇」の代替りごとに奈良県内や、大阪方面に遷宮しているとと『記・紀』が記す、「大和朝廷」の姿とは根本的に異なって、「邪馬一つの国」が数百年間にわたって一貫した都城という、世界の古代国家と共通の姿が示されていることになるのである。すなわち「俀国」と隋が呼ぶ国家は、「魏志」倭人伝が「倭国」と呼んだ国家で、その都城・首都は「卑弥呼の都する邪馬壹（一）

国だ」ということである。これは筆者の単なる当て推量ではない。『隋書』俀国伝にはキチント、「魏より斉、梁に至り、代々中国と相通ず」と明記されている。

さて、以上にたって「俀国伝」の記載には、さらに二つの点で考えるべき問題があるとおもう。その一つは「倭人・倭国」名と「邪馬壹（一）国」名の関係であり、二つは二〜三世紀の「倭国」と、七世紀初頭のタリシホコの国家の首都が同じであって、それが共に「邪馬壹（一）国」と認識されている意味である。

まず第一の問題である。古代中国正史類の「日中の使者交流記事」では、卑弥呼関連の国の総体にはすべて、「倭人、倭国」がつかわれている。しかし、その中心国の名は、「邪馬壹（一）国」という名が繰返される。「魏志」倭人伝を読むと、「倭人」の「国」が三〇カ国と記されていて、邪馬壹（一）国の他に伊都国、奴国、末盧国などの国名が記されている。

さらには『漢書』地理志には有名な「百余国」がある。日本古代史学ではこれを紀元前一世紀ごろの日本としているが、中国側は紀元前約一千年の日本としている（沈仁安著、『中国からみた日本』、藤田友治、藤田美代子訳、ミネルヴァ書房、二〇〇三年）。中国側の見地が正しい。がさて、われわれが中国古代史をみれば、新石器時代末から中国には、「二百数十カ国」の原始的都城＝初期都市国家群が指摘され、これらの都市国家群のなかから最初が夏、次いで殷、さらには周の名が代表として上げられるが、この時代でも多数の都市国家群の総体は常に「中国」や「華」と言われている。

倭人・倭国もこれと同様で今から約三〇〇〇年前には、倭人の世界には約一〇〇余国（概ね近畿以西、後の倭国の範囲）といわれる、倭人部族の諸勢力が原始的集落を都城とし、紀元前一世紀ごろまでに約三〇かそこいらの拡大的な都市国家的勢力にまとまり、なかでも「邪馬一つの国」が、中国の夏、殷、周に相当するような位置を占めていた、ということではないかと考える。

第二の問題は、この「邪馬一つの国」が七世紀初頭のタリシホコの都城の所在地であるという意味である。これを卑弥呼の都は近畿ヤマトであって、三世紀も五世紀も七世紀初頭も「ヤマト」という意味である、と言えるかというと、それは不可能なのである。これを決定づけるものが次に取りあげる点である。『隋書』俀国伝によれば「邪馬壹（一）国」の近くに、「阿蘇山あり。その石、故なくして火起こり、天に接する者。俗以て異となし、因って祷祭を行う。如意宝珠あり。その色青く、大きさ鶏卵の如く、夜は則ち光ありという。魚の眼精なり」と記されている点である。これの意義を最初に指摘されたのも、古田武彦氏（『失われた九州王朝』）である。

これは『日本書紀』の隋使入朝記事とは全く異質である。『日本書紀』では隋の使者は筑紫から難波津に船を使っており、しかも、遣隋使の小野妹子が案内人を勤めている。隋使の帰途も小野妹子を大使、吉士雄成を小使、鞍作福利を通訳とし、さらには八人の留学生等を同行させたと『日本書紀』は記している。すなわち阿蘇山などに立ち寄る気配はまったくない記述である。

したがって「日出ずる処……云々」という『日本書紀』にない国書を、聖徳太子の起草と称して「皇国史観」時代から大いに重視してきた戦前、戦後の日本古代史学は、例によって例のごとくこの阿蘇山関連記事を取りあげてこなかったのである。

『隋書』俀国伝中の阿蘇山記事は、『日本書紀』の行程とは全く別の、隋使の行程という他はないのである。それを示す若干の他の例を上げれば、『隋書』俀国伝中の王が男帝「タリシホコ」と記され、しかも隋使はこれと面談したことが俀国伝中に明記されている。これに対して当時の「大和朝廷」の「天皇」は推古という女帝とされている。すなわち男と女という絶対的矛盾がある。しかし、大学的日本古代史学は「隋の使者が、推古と聖徳太子を混同したのだ」等々と、遁辞を構えているのは周知のことであろう。

こうしたことを学問の名でいうことは驚くべきことであろう。何故ならば七世紀初頭、海を渡って中国に行き、また日本に来ることは文字通りに命懸けの旅である。しかも、小野妹子が案内人を務めていると『日本書紀』は書いているのである。したがって当時の「天皇」等について妹子が、隋使に事前に何も説明しなかった、などということはあり得ないであろう。こうした大使がつき添いながら、女帝を男帝と間違えたとか、聖徳太子を天皇と勘違いしたなどということは、小野妹子を間抜けとみなすか、中国の大使を一人前の知能水準もない人物というに等しいものであろう。いったいその証明はどこにあるのか。こうした日中史料の食い違いにたいする、歴代の大学的日本古代史学の態度は、おゝよそまともな学問とは言えない姿であろう。しかも『日本書紀』では、隋使歓迎の場面で多くの「大臣」の名が列挙され、「是の時に、皇子・諸王・諸臣、悉くに金の髻花《うず》を以て頭に着せり。亦衣服は皆錦・紫・繍《ぬいひ》・織《おりもの》、及び五色の綾羅《あやすはた》を用ゐる」（岩波書店、日本古典文学体系・『日本書紀・下』、一九二頁）とありながら、隋使歓迎の場に大学的日本古代史学にとって、なくてはならない肝心要の聖徳太子の名はないのである。おかしいであろう。さらには「推古天皇」の隋宛てのあいさつも、「俀国伝」中の例の国書とは全く異なるという事実についても、小声に語る始末である。

つまり「俀国伝」は「大和朝廷」のことではないのである。しかし、それを認めると戦前、戦後の憲法、第一条の「万世一系の天皇制は日本の伝統」なる、『古事記』『日本書紀』を妄信した日本史観と、それを近代的資本主義的日本の権力の、正当化論に利用しているイデオロギーの正当性が、根底から崩壊するであろう。それは同時に近代日本古代史学の使命の終焉と、その「学」の失墜であろう。

ここにこそ両者のいわば固い「団結」があって、この学界ではマルクス主義を一般論として口にすることは、戦後、「学問の自由」という看板が必要なので許容される。しかし、それは「万世一系の天皇制は日本の伝統」論（大和朝廷国家唯一史観）の範囲内であって、そこからはみ出るものは、そもそも大学教授に推薦・採用されないであろう。したがって日本古代史学の世界では、ある学者がマルクス主義賛成というか否かが問題ではない。基準は「大和朝廷唯一史観」への事実と道理にもとづいた科学的批判の見地を、如何なる権威をもおそれることなく貫けるか否かなのである。

さて、もとにもどって「俀国伝」中に阿蘇山が記されている意味は、隋使が噴火するという阿蘇山に大きな関心を示して、わざわざその目で見に行って、その周辺の倭人が祭る如意宝珠をも見学して、「魚の目だ」といっているのである。きわめてリアルな観察記録となっているのである。この記録の日本史的意味は、実に大きなものである。すなわち「俀国」の首都は阿蘇山に近い、九州にあって近畿ヤマトではないということと、世界の科学的な歴史学が指摘する古代国家は、氏族・部族社会の原始的集落の都城を核として生れて来るという姿を、日本本土において実証している記録である。

戦後の日本古代史学の「邪馬台国・近畿大和」論者は、卑弥呼からタリシホコまでを、一貫した王朝と見なして、これを「大和朝廷」にあてていることは言うまでもない。また、「東遷」論者も「万世一系」としては同じである。ただし、この「東遷説」は成立しえないのは先述のとおりに、『後漢書』倭伝、『宋書』倭国伝、『隋書』俀国伝が、それぞれともに「倭国」の首都を、「三世紀の卑弥呼の都する所」としている点に照らせば、云々するまでもないことである。

しかし、卑弥呼王朝勢力の東進はある。これこそが実に近畿地方の巨大「前方後円墳」造営の正体である（拙著『消された日本古代史を復原する』参照）。しかし、その首都の「邪馬一つの国」の「東遷」はないのである。つまり従来の「邪馬壹（一）国」論争は歴史論としてはまったくの誤りであって、「邪馬一つの国」問題が提出してる真の問題は、『古事記』『日本書紀』がいう「万世一系の天皇制」が正しいか、それとも日本民族も世界の諸国家・諸国民と同様に、多元的複数的都市国家群から国家の歴史を開始して、都市国家群から日本列島の幾つかの領域を支配する「中規模諸国家」的勢力に収斂し、やがて統一王朝が誕生し、それさえも他の政治勢力によって政権を奪取されるという、国家発展の普遍性を世界とともに共有していたか、という問題なのである。

そうして歴代中国正史類を正しく読めば、「邪馬壹（一）」が本来形であって、かつ「邪馬臺（台）が「ヤマト」の音を写したものではないことが、約一五〇〇年も前から記されているのであるから、「ヤマト説」は「大和朝廷一元史観」構築の意図を先にした、「牽強付会の説」以外の何者でもありえないことになるのである。

七　姓がない「大和朝廷」の怪

なお『隋書』の関連でつけくわえれば、卑弥呼の王朝には姓があるが、「大和朝廷には姓がない」という問題がある。卑弥呼の王朝の姓は、「姓は阿毎《あめ》」と明記されている。これは後に取りあげる唐の正史『旧唐書』の「倭国伝」でも同様に記されている。「大和朝廷」には姓がない。例えば『宋史』日本伝には、奝然《ちょうねん》（東大寺の僧、九八三年に渡宋）の説明として、「国王は王を以て姓となし……」とある。

これを読むと、近代日本の文化の不思議さをまざまざと見る思いがする。世界の国家は氏族・部族社会から誕生すると、日本古代史学も一応はいっている。氏族・部族には自称なり他称なり、かならず氏族・部族名があり、氏族社会の人間は人種の如何をとわず祖先崇拝が、一個の体制的な文化である。「社稷を守る」といわれているところに、それは示されていると言える。この「社」は祖先の廟である。したがって必ず氏族・部族名か、それに由来する姓は不可欠のものである。例えば夏は姒姓、殷は子姓、周は姫姓、『三国史記』の全王家にも姓があり、ローマはラテン種族である。にもかかわらず「大和朝廷には姓も部族名もない」という不思議を不思議とし、不審とする声が公式には全くないのである。こうした姿と、人間は猿から発展して氏族・部族社会を経て国家を形成した、という認識との整合性はどうなるのであろうか。

第三章　国号　日本と「邪馬臺（台）国」

一　「七世紀末の王朝交代」記の無視という問題

さて、太宰府が「倭国」の首都だったといっても、「素人の妄言だろう」と思われる方が圧倒的であろう。これの説明として、しばし以前の「邪馬壹（一）国」問題にたち戻って、その後を考えよう。倭国は有難くもない「邪馬臺（台）国」などという悪ふざけの通称を、五世紀以降の古代中国の王朝やその知識人からその首都名に張りつけられたのであるが、しかし、これに如何に倭国が対応したかが『旧唐書』東夷伝の「日本国伝」に、遣唐使等の言として語られ記されている。

1　『旧唐書』倭国伝と日本国伝

ところで日本古代史の探求で、『旧唐書』東夷伝の日本本土の、「七世紀末の王朝交代」記は、重大この上ない記録であるが、明治以降の日本古代史学は、完全にその「王朝交代の記録」を無視、黙殺している。これも実に実に驚くべき姿であろう。ここにこそ近世尊皇思想を継承する、近代日本古代史学の真の姿が示されているのである。この結果、この史料とその重大な内容が国民の目から隠されている。尊皇日本古代史学としては珍しいことではないとはいえ、やはり余りにも重大で大学の日本古代史学の性格とその責任が問われる、根本的な問題であろう。

この史料は七世紀以前を「倭国伝」、八世紀以降を「日本国伝」と日本本土を二国併記した記録である。石原道博氏はこの記載を、「倭国と日本国を二国併記するような不体裁」（『旧唐書倭国日本伝、宋史日本伝、元史日本伝』、一六頁、岩波文庫、一九九〇年、第三三刷）といわれて、「体裁問題」にすり替えられている。

しかし、「倭国伝」を読めば、「倭国は古の倭奴国なり。……世々中国と通ず……その王、姓は阿毎氏なり。一大率を置きて諸国を検察し、皆これに畏怖す。……衣服の制はすこぶる新羅に類す。……表仁（高表仁）、綏遠《すいえん》（＝外交）の才なく、王子と礼を争い、朝命を宣《の》べずして還る。二二年（唐の年号、貞観、六四八）に至り、また新羅に附して表を奉じて、以てその起居を通ず」（傍線は引用者）とある点に照らして、この倭国が、卑弥呼、「倭の五王」、タリシホコの王朝・国家であることは明らかである。

これをより決定的にしているものが「日本国伝」である。この冒頭記事は、「日本国は倭国の別種」である。別種とは別というういう意味である。一層決定的な部分は、「日本は旧小国、倭国の地を併せたり」と、遣唐使が説明したと記されている点である。いったいどこの世界に同一王朝が同一王朝を「併せた」という者がいるだろうか。こうした一民族の歴史にとって重大極まる記録を、一致して無視する態度をいったいどう考えるべきであろうか。しかもこれは大和朝廷の遣唐使の、唐朝での「日本史」にかんする弁である。これをさえ「中国史料だから」という口実で無視して憚らない態度は、まさに恐るべきものではなかろうか。

「日本国伝」の日本が大和朝廷を指すことは、「長安三年（七〇三）、その大臣朝臣真人、来たりて方物を貢ず」で明らかである。そればかりか唐に帰化した阿倍仲麻呂、この他に橘逸勢、空海等をも記している。つまり、古代中国史料に登場する日本本土の国で、一読して大和朝廷とわかる最初がこの「日本国伝」である。すなわち大和朝廷たる「日本」が、はじめて古代中国史料に登場するのは、「日本は旧小国、倭国の地を併せたり」とあるとおりに、八世紀初頭からなのである。なぜならば『旧唐書』東夷伝の「倭国伝」は、先述のとおりに貞観二二年、つまり七世紀の四〇年代の倭国と唐の交流を記しているからである。

　この「日本国伝」の冒頭の「日本国は倭国の別種」に続いて、国名「日本」の由来が、大和朝廷の遣唐使等の唐への説明で記されている。重大な内容である。曰く

①「その国、日辺にあるを以て、故に日本を以て名となす」。②「あるいは言う。倭国自らその名の雅ならざるを悪み、改めて日本となすと」。③「あるいは言う。日本は旧《もと》小国、倭国の地を併せたりと」（傍線は引用者）。

　さて、この①〜③は連続した記事であるが、その内容を大学的日本古代史学がいっさい国民に語らず、明らかにしていないので詳しく述べる。松下見林はその著『異称日本伝』で、この「日本は旧小国、倭国の地を併せたり」を、「神武天皇の東征」で解釈し説明している。つまり日本と倭国の関係を征服・被征服、すなわち二国間関係として理解しているのである。その限りでは当然である。

　見林は言う。「此日本者似指日向国。倭国実指大和国。大和国旧曰倭国。後改為大和国。神武天皇始在日向国。後平倭国。故曰日本併倭国之地」（此の日本は日向の国を指すがごとし。倭国は実に大和国を指す。大和国は旧《もと》倭国と曰い、後に改めて大和国となす。神武天皇は始め日向国に在り、後に倭国を平らぐ。故

に曰く『日本は倭国の地を併せたりと」(『異称日本伝』、四六頁、近藤活版所、一九〇一年(明治三四))。

この見林の態度は自己矛盾をふくんでいるのである。それは「倭の五王」を「大和朝廷」とした最初は、見林だからである。御覧のとおり「五王」は「倭国」となっている。見林は『旧唐書』日本国伝の解釈では、「神武と宮崎を日本」と解し、登美長脛彦の「大和」を「旧倭国」としている。ならば五世紀の「五王」を「大和朝廷」というのであれば、「倭の五王」ではなく、「日本の五王」と表記されていなければならないはずである。ここにも尊皇思想すなわち「大和朝廷一元史観」にたてば、古代中国正史類と両立の余地がないこと、あたかも「あちらをたてれば、こちらがたたない」というが如しという姿となるのである。

したがって『旧唐書』日本国伝の国号・日本を考察するに、「神武の東征」を持ち出すの他に、近畿大和は昔、倭国と言ったとか、日向を日本に当てるなど荒唐無稽の「考察」、すなわち近世尊皇思想による「考察」しか生れないのではあるが、今日の大学的日本古代史学は、見林のこの考察を笑う資格はない。なにはともあれ見林は、「旧小国の日本が、倭国を併合した」と理解しているのであるが、石原道博氏を含めて大学的日本古代史学は、眼前に明確な証言があるのに「二国併記をするなど不体裁」と、無責任にも国民に真実を語ることを放棄、拒否しているのである。

さていよいよ本題である。①の「その国、日辺にあるを以て、故に日本を以て名となす」といっているのは、大和朝廷の遣唐使であると考える。そもそも中国にとっても大和朝廷にとっても、この八世紀初頭の交流がそれぞれにとって最初の接触、ということが確認される必要がある。本来、初対面の国の国号など論争の種になるはずもないものである。あえていえば初対面の人の氏名をめぐって、初対面の人同士が論争するなどありえないのと同様であろう。

つまり唐にとって大和朝廷は初対面の相手であるが、国号「日本」は大和朝廷に先駆けて、倭国がすでに称していたことを知っていたのである。現に八世紀初頭の大和朝廷の遣唐使自身が、②に引用したとおり「倭国自らその名の雅ならざるを悪み、改めて日本となす……」と述べているのである。これは文献上の眼前の事実であろう。ここが問題の中心である。だからこそ唐は問い質しているのである。「貴国はなぜ日本を国号とされるのか、その経緯をお尋ねしたい」と。これへの回答の最初が「国が東にあるからだ」である。しかし、さらに問いつめられてポロポロと本音をもらしだした部分が、「倭国自らその名の雅ならざるを悪み、改めて日本となすと」である。つまり最初に日本を国号にしたのは、「倭国だ」と告白しているのである。

これはまぎれもない真実であろう。「倭国……その名の雅ならざるを悪み……」とはなんであろうか。察するに「邪馬臺（台）国」であろう。「お前は一がつく国なんかじゃなく、臺＝びりが名につく国だ」という、子供のイジメじみた悪質なイタズラ的な通称である。これを面白く思わないのは当然で、そこで中国での通称「邪馬台国」にかえて、「日本国」を自分たちの「都する地」の新名称とした、というのがこの条であろう。それはそもそもは「日の本」であった可能性も考えられる。

したがって「日本」の最初は一国名ではなく、「邪馬一国、邪馬台国」の新名称としてであろう。隋への国書にあるように自分たちの首都を、「日出ずる処」と明記しているのも、隋を「日没する処」としたのも、「邪馬台国」への反撃もあろう。だからこそ『隋書』の編者の魏徴も、むきになって「所謂魏志の邪馬台なるものなり」と、いわば居直っているのいである。この段階では別に戦争をするような摩擦ではなく、政治的な摩擦を文化的にやりとりする水準とはおもわれるが……。

2 国号 日本の由来

この国号日本はいつから称されていたのか。これにかんしても日本古代史学は、曖昧模糊たる説明しかできず、おおむね「大化の改新」ごろ等といっている。日本を称する『日本書紀』には奇妙な性癖がある、自国の歴史を述べるのに古代朝鮮史料を引用するという不可解さである。その一例が「継体紀」の「天皇の死の年月日」にかんして、「或本に云はく。天皇、二八歳次甲寅に崩《かむあが》りましぬといふ。而《しか》るを此に二五年(西暦五三一。引用者)歳次辛亥に崩りましぬと云へるは、百済本紀を取りて文を為《つく》れるなり。其の文に云へらく……又聞く、日本の天皇及び太子・皇子、倶に崩薨《かむさ》りましぬといへり」(岩波書店、日本古典文学大系・『日本書紀・下』、四六頁)である。

奇怪至極の文章であろう。日本古代史学では「日本の天皇」も、「継体天皇」も「大和朝廷」のことであろう。しかも年代は六世前半であろう。この時代「大和朝廷」には文字がなかった、とは断じて言えまい。なのになぜ、「天皇」の死亡年にかんして、自前の記録がないのだろうか。さらには自分の国の「天皇」の死亡年月日のみならず、「又聞く、日本の天皇、太子・皇子が共に死んだ」というのは不可解である。こうした大事件が「大和朝廷」のことであるならば、『百済本紀』で文をつくったとか、「其の文に云へらく……」などというのは極めて不自然であろう。実は、この不自然さの背後に日本史の真実があるのである。

しかも、『日本書紀』には国号日本をいつから称したかなど記事はない。ところが百済の正史に突如として、「日本の天皇」が登場するのである。これも不可解なことであろう。たしかに『日本書紀』には「日本武尊」が景行紀に登場するが、『古事記』では「倭建命」であってこれがすなわち本来の形というのが学者の指摘である。

岩橋小弥太氏の『日本の国号』に、興味深い指摘がある。それは木村正辞氏(「日本国号考」、『東洋学会雑誌』九号)の説であるが、「日本という国号はその始めは三韓人のいい出したものであろう。……崇神天皇の時に任那の国始めて入朝してから、韓国としばしば往来したから、そのころのことだろう。日本という号は本邦の国号としては最も適当しているから、わが方でもそれを援用して、ついに万世不易の称とされたもので、ただし、その初めはことに外国人に対する時にのみ用いられた」(一六二頁)という説である。

要するに『古事記』『日本書紀』には、「大和朝廷」が何時から日本を号したか、なんの記載もなく、しかも、「日本」や「日本の天皇」という言葉が、「三韓」すなわち朝鮮半島諸国の正史等に堂々と記されているのである。しかも、この年代がかなり古いから「崇神天皇の時……」というような文言が登場するのである。これまでの大学的日本古代史学の「国号・日本考」は、言うまでもなく「一元史観」にたった考察である。

これらの「考察」の奇異さは、国号・日本は朝鮮人が先につかい、日本側で有り難く頂戴した式の「愛国心」とはほど遠いものである。にもかかわらず「君が代」「日の丸」を強制するのは、支離滅裂の理論であろう。

しかし、大学的日本古代史学の「国号・日本」論が、間違ったものであることを示しているのが、『旧唐書』日本国伝中の遣唐使の②③として引用した日本にかんする説明である。それが「あるいは言う。倭国自らその名の雅ならざるを悪み、改めて日本となすと。あるいは言う。日本は旧《もと》小国、倭国の地を併せたりと」である。大学的日本古代史学は、「……倭国自らその名の雅ならざるを悪み、改めて日本となすと」までは引用する例もあるのである。しかし、断じて「日本は旧小国、倭国の地を併せたりと」に関しては、語らず、引用せず、沈黙、無視で臨むのである。

日本古代史の肝心要の問題に沈黙、無視をもって臨み、いったい何が「日本古代史」であろうか。この部分の意味は、読んで字の如く日本を最初に称したのは卑弥呼の王朝、「邪馬壹（一）国」のある「倭国」、すなわち中国で「邪馬臺（台）国」と蔑称された「倭の五王」、タリシホコの王朝である「倭国・俀国」であって、これは「大和朝廷」とは別個の王朝である。しかし、後に「旧小国の大和朝廷」の始祖が「倭国の地を併合し、その際、倭国が称していた国号・日本をも僭称したのである」と言っているのである。しかも言っているのは大和朝廷の遣唐使達であることは読めば明らかであろう。

現に、『旧唐書』の後の唐の正史『唐書』（新唐書）には、この部分について、「日本乃小国、為倭所并、故冒其號」（日本はすなわち小国、倭の所を併せる。故にその号を冒す）としている。つまり「倭国の号である日本を僣称した」と明記しているのである。こうした記録、しかも大和朝廷の遣唐使の唐朝での言をふまえた、日本史にかかわる重大極まる記録をさえ、国民に語らず無視・隠蔽して、いったい何が「日本古代史」だろうか。なにが日本古代史の大学教授・専門家であろうか。

すなわち「倭国自らその名の雅ならざるを悪み、改めて日本となすと」という遣唐使の言は、掛け値なしの事実を述べたものである。つまり国号・日本にかかわる歴史の事実は、「一を国の名にしているが、その実はビリの名がつく国じゃないか」というような、中国側の悪ふざけの「邪馬臺（台）国」呼ばわりに、日本をもって立ち向かったのは、卑弥呼の王朝である倭国なのである。

これを認められないのが「万世一系」論である。ここから歴史論としてあらゆる歪み、奇々怪々、古代中国の文献無視と歪曲、主観主義と非合理主義が大学的日本古代史学に巣くい、真実の日本古代史を覆う結果となるのである。これが明治以降の大学の日本古代史学部の諸教授の紛れもない姿である。いったいこうし近代日本古代史を疑問に思わない日本の知性を問うことなしに、われわれは眼前の国内外の諸問題に正しく対処できるのであろうか。もしそうであれば一国民において、歴史学などは無用の長物となろう。しかし、日本以外では今日の目前の諸問題に対することと、自分たちの歴史の真実を知ることとは、表裏一体のこととされているのではないだろうか。こう考えると明治以降〜敗戦までの日本史同様、今日の日本史もまた文字通り日本を、〝累卵の危うき〟におく危険のあるものと思える次第である。

二　国号・日本の国内史料

ところで宇佐神宮にかかわる『八幡宇佐宮御託宣集』という文献に、「九州年号」とともに「日本」が記されている。この「九州年号」の一つが、法隆寺の国宝「釈迦三尊像」の「光背碑文」の冒頭に、「法興元三一年」と刻まれているのである。この年号は、「大和朝廷」の年号にはない。したがって学問という以上は、本来は、この年号はどこの年号か、いったい何か、ぐらいは探究しそうなものである。しかし、大学的日本古代史学と法隆寺等の通説的研究者らは、その年号には触れていない。まさに万人の目前で「事実を無視する」のである。そうしなければ「大和朝廷一元史観」は、〝成立〟しないのである。

この「九州年号」という名称は、江戸時代の学者、鶴峯戊申《しげのぶ》がその著書『襲国偽僣考』で、「九州年号と題したる古写本によるものなり」（『失われた九州王朝』、三八五頁）として、この年号を考察していると指摘されている。この「九州年号」は、いわば西日本ではこんにちも、あちこちに残っているのである。たとえば道後温泉では聖徳太子が、「法興六年」にこの温泉を訪れたとしている。もちろんこれは本当は「倭国」の太子で聖徳太子ではありえない。

また、この「九州年号」は、一四六二年に議政府領議政（首相にあたる）をつとめ、また一四四三年には日本を通信使として訪れた申叔舟の、日本と琉球王国のことを書いた『海東諸国紀』（田中健夫氏訳注、岩波文庫、一九九一年。なお「記」ともいう）の「日本国紀」に、国家年号として系統的に記載されている。たとえば「継体天皇。応神五世の孫なり。名は彦主人《ひこうし》なり。……始めて年号をたて善化と為す。五年丙午、正和と改元す。六年辛亥、発倒と改元す。……」（同書、六三頁）からはじまって、文武天皇の「大長」まで連綿として記されているのである。これにたいする田中健夫氏の注は、ことごとく「私年号」としているだけである。

しかし訳者の田中健夫氏は他方で、『海東諸国紀』の史料的性格にかんして、「『海東諸国紀』は、朝鮮王朝最高の知識人が日本と琉球の歴史・地理・風俗・言語・通交の実情を克明に記述した綜合的研究書であある」と、「はしがき」の冒頭で強調されているのである。がさて、一王朝の首相をつとめ自らも日本に外交官としてきた人物が、相手国の「日本国紀」のうち、天皇にかんする記述をしている「天皇代序」で、「私年号」を並べるだろうか。そこには「国家年号」として、天皇国家には存在しない年号があったからこそ記録しているとするのが正常であろう。それが現に法隆寺の「国宝」や有名温泉である道後温泉に、聖徳太子のこととして伝わっているのである。しかも、その年号の一つに「聖徳」がある（『消された日本史を復原する』参照）。

さてこの「九州年号」を記載した『八幡宇佐宮御託宣集』（重松明久氏、校注訓訳、現代思潮社、一九八六年、以後、『御託宣集』という）は、宇佐神宮の祠官で辛島氏について古いとされる大神氏の出とされる神吽《じんうん》（一二三一〜一三一四）が、約二四年の歳月をかけてその死の前年の一三一三（正和二）年に校了したという史料である。この『御託宣集』の説話は神仏習合にたっているのが特徴である。これは日本の仏教受容は、「倭国」が「大和朝廷」よりはるかに古く、かつその受容は当然ながら民族的神道と、仏教への理解を融合させたもので、きわめて自然な受容の姿だということである。

仏教受容は倭国が「大和朝廷」よりはるかにはやいというと、「馬鹿馬鹿しい」と受け取るのが普通であろう。しかし、これを証明する不動の記事が、実に『日本書紀』の真っ只中にあるのである。それは『日本書紀』用明紀の「是に、皇弟皇子（穴穂部皇子）、豊国法師 名を闕《も》らせり。を引《ゐ》て、内裏に入る。物部守屋大連、邪睨《にら》みて大いに怒る」（岩波書店、日本古典文学体系・『日本書紀・下』、一五八頁。傍線は引用者）という条である。これは「用明天皇」が病床で〝仏教に帰依したい〟とのべたとされる点をめぐって、物部守屋大連と蘇我馬子が対立した云々という記事に関連して出てくる人物である。

この「豊国法師」にかんして「伝承不明。法師の号の初見。欽明一三年条の仏教伝来記事以後、蘇我氏をめぐる朝廷と仏教の関係の記事は、ほとんど元興寺縁起にあるが、この豊国法師の話は全くそれに見えない」（同書、上段「注一六」、一五八頁、傍線は引用者）とある。しかし、この法師は「日本史」に登場する、最初の和名の「法師」というのである。となればこの法師はすでに「仏法」を習得して、「法師」と名のることを社会に、したがって「大和朝廷」に認められた人物であるからこそ、この段に登場するのである。これを否定できる方はおられまい。しかもこの時点で「大和朝廷」は、仏教を受容していないのは、『日本書紀』の書くところであろう。

ではこの法師はいったいどこの社会で法師の資格を得たのだろうか、これこそが日本における仏教受容問題の、肝心要の大問題のはずである。この法師が「豊国」とあるのは、今日の大分県の法師だからであろう。大分の国東半島いったいの「熊野磨崖仏」をはじめ、多数の磨崖仏群や、とくに宇佐神宮を中心とする「国東六郷満山寺群」等の、今日「七一八年以来」などと「大和朝廷」成立の枠内に無理に押し込まれている、一大仏教遺蹟群を形成した地域を指すものであろう。すなわちここは倭国の首都圏の地である。これらの遺蹟が「大和朝廷」にはるかに先んじていることは、将に『日本書紀』の「豊国法師」にかんする記事が示すところである。これについても大学的日本古代史学は、例によって例のごとく知らぬ存ぜぬである。

さて、宇佐神宮とはこうした背景をもつ神社である。源平合戦にさいして豊後の武士緒方惟栄・惟隆らによる宇佐神宮焼き討ちがおこなわれ古文書も奪取されたという。これを神吽が復元をはかったのであるが、その際に「倭国」と大和朝廷をもまた、「習合」したものとおもわれる。すなわち「倭国」史の史実を『風土記』風に、無理に大和朝廷のあれこれの天皇の治世と合体させる形式がとられている。例えば『風土記』と同様に、説話の冒頭に「第一六代（神功皇后をいれれば一六人、引用者）の応神天皇四一年庚午《かのえうま》二月一五日……」とか、「元正天皇五年、養老三年」等というような形式にされているのである。

さて、宇佐神宮の祭神はいわずとしれた応神天皇、神功皇后とされている。この『御託宣集』はこんにち一六巻からなっているが、神吽の序文があるのは第三巻であって、ここから一〜二巻はあとから加えられたものという見方もあるという。この第一巻では、八幡大菩薩が人間の姿として応神天皇になったという説話が、『日本書紀』を転載する形で記されるなどの問題も指摘されている。さてこの『御託宣集』に、「神功皇后の新羅討伐」説話そっくりの記事が、「九州年号」をともなって記されているのである。

「香椎宮の縁起に云く。善紀元年、大唐従《よ》り、八幡大菩薩日本に還り給ふて見廻り給ふに、人知らざるの間、御住所《おんすみか》を求め給ふて、筑前国香椎に居住し給ふ。その後新羅国の悪賊発《おこ》り来つて、日本を打取らんと為《す》る日、乍《たちまち》に胎《はら》に入り奉る四所の君達《きんだち》、当月に満ち給ふに依って、白石を取り給ふて、御裳の腰に指し給ふて云く。若し是の石験《しるし》有らば、我が懐《はらめ》る子、今七日の間生れ給はざれと。

我が石神に祈誓し奉り給ふて合戦し給ふに、既に戦ひ勝って還り給ふ。石に験《しるし》（＝効能）有って、七日を過ぎて四所の君達《きんだち》生れ給ふ。穂浪郡（福岡県嘉穂郡大分村）の山辺に集り住み給ひて後、各の御住所を求め給ふて移住し給ふ。故に大分宮（穂浪郡に同じ）と名づく。件の白石の御正体は、尚大分宮に留め給ふ。是の如きの間、聖母大帯姫並びに四所の君達、併《なら》びに日本我が朝を領掌し給ふ。……中略……（四カ所に分かれた君達とは次のとおり）

一所　筥崎（箱崎）
一所　大分宮
一所　御母に相副ひ奉り、香椎に住み座《ましま》す。
一所　穂浪の山中、多宝（塔）の分身なり」（同書、八六頁。傍線は引用者）

この「善紀元年」とは「善化」の別名（『八幡宇佐宮御託宣集』、八六頁、上段注「九」）で「九州年号」と呼ばれる年号の最初のもので五二二年にあたる、とされる。この「善紀」その他の「九州年号」をともなう記事は、そもそもは「倭国」文献とかんがえられる。この「倭国」記事の女性は「大帯姫」（オホタラシ姫）であり、しかも香椎の神である。それは「大帯姫——八幡　此の八幡は、住吉を父となし香椎を母と為《な》し給ふ」（同書、八八頁）とあり、この吉住は福岡市吉住町の「吉住神社」であり、『記・紀』神話からもここが本来の「吉住神社」である。

ここから『記・紀』の神功皇后の新羅討伐関連記事は、「倭国」文献からの剽窃記事の一つという点が明らかとなる。通説的立場からさえ『記・紀』の「これら応神天皇生誕伝説が、北九州の民間伝承であった……」（次田真幸氏全訳注、『古事記・中』、二〇六頁、講談社学術文庫本、一九八〇年、第一刷）という見解もあるが、「民間伝承」ではなく「倭国」関連史料からの盗作である。それを示すのが以下の点である。神功皇后記・紀とは根本からことなって、大帯姫の子供は四人であって、いずれも九州に止まっているのは引用のとおりである。にもかかわらず堂々と「……聖母大帯姫並びに四所の君達、併《なら》びに（一緒に）日本我が朝を領掌し給ふ」（括弧・傍線は引用者）と書いている点である。こうした記述が「善紀」という、「倭国」年号をともなった文献に登場している事実は、いささかも軽視できないものである。

ここの「日本」は、まさに『旧唐書』日本国伝中の「倭国自らその名の雅ならざるを悪て、改めて日本となすと」という日本、すなわち「倭国」である。これは『御託宣集』に「倭国」時代の文献がある由縁であろう。極めて重要な文献である。『記・紀』はこの「倭国」史料の「大帯姫」を「神功皇后」（諡、おきながタラシヒメ）に当てたとかんがえられる。

もっとも『御託宣集』のなかには、『記・紀』の記載に対応している側面は強くみられる。この姿は「倭国」滅亡後の大和朝廷側と宇佐神宮側の利害の一致の到達点とおもわれる。大和朝廷側は「倭国」時代から有名な宇佐神宮から、「神代からの日本の天皇」という信仰上のお墨付きをもらうことは絶大な意義があり、反対に宇佐神宮はその信仰の中心の権力を換骨奪胎することで、新しい権力のもとでもその社格を維持することができるのである。この点は、出雲大社においても基本的に同様であろう。

したがって「倭国」時代からの「大社」であった両社は、その信仰上の縁起を天皇国家に切り換えるのであるが、そもそもは「倭国」王朝が信仰上の対象であったものを、ある日突然、大和朝廷に鞍替えするのであるから、どうしてもそこに異質のものが「継ぎ目」をのこす結果となるのである。これは志賀島の海神社とても同様であろう。

三　「日本国太宰府」――『宋史』日本伝の証言

『八幡宇佐宮御託宣集』などという史料的根拠もあやふやな文献を持ちだして、論じるなどは素人の妄言に過ぎない、という人があれば、その人に是非お尋ねしたい。では次の中国史料中の記載は如何かと。「天聖四年（一〇二六）一二月、明州（浙江省会稽）言う。『日本国太宰府、人を遣わして方物を貢す。しかも本国の表を持たず』と。詔してこれ卻《しりぞ》く」（『宋史』日本伝、傍線は引用者）。

これは一一世紀の初頭に「本国の表を持たず」、すなわち当時の大和朝廷とは異なる勢力が、「『日本国太宰府』を名乗って、宋に国交を求めてきた」という、日本史にとって大変な記事である。もちろん当時の宋は、この使者の入国を拒否しているのは記載のとおりである。しかし、この「日本国太宰府」を名乗る勢力は、「その後もまた未だ朝貢を通ぜず。南賈（南の商人）時にその物貨を伝えて中国に至る者あり」とあるところからみて、中国商人を経由して執拗に「入朝」の許可をもとめている様子が記されている。

つまり日本本土にあって大和朝廷を無視して新政権樹立を求め、中国の権威をかりたいという勢力である。しかもその勢力が堂々と悪びれもせずに「日本国太宰府」を名乗り、日本国と太宰府を結びつけている点にこそ、この勢力の真の姿があると考えるものである。「倭国」が「旧小国」の大和朝廷に併呑されたのは、後述するとおりに六六三年から七〇〇年の間と考えられる。とすればこの「日本国太宰府」を名乗る勢力こそは、卑弥呼・倭国王朝の残存勢力であって、これが白昼堂々と大和朝廷を無視して宋に国交をもとめたのである。多分、彼等にいわせれば在りし日の、日本本土における正統王朝を復権したいということであろう。そうしてそれは真の日本史にたてば正当な自負ではあろう。すなわち「お家再興である」。その根拠地が太宰府なのである。

つまり「卑弥呼の都する国、邪馬壹国」＝「ヤマ一つの国」は今日の太宰府である。こんなことは本来、日本古代史学が「万世一系の天皇制」の擁護に固執せず、事実を探求する見地にたつならば、とっくに明らかにされていたことであろう。

以上から明らかになることは、卑弥呼の都は、近畿ヤマトや九州ヤマト(山門)とは無関係であって、これを大和朝廷にあてるのは、日本史の改竄である。日本古代の真の姿を先ず改竄―歪曲したものは、七世紀後半から八世紀初頭に成立した大和朝廷である。彼等が造作した『古事記』『日本書紀』は、ただ一家族のために一民族の歴史を改竄・隠蔽・歪曲するという、世界に例をみない歴史の偽書である。これを根拠として日本民族の歴史を考える態度の誤りが、必ず国民的に明らかにされる日はくるであろう。

四 『日本書紀』王朝交代の証言

七世紀後半の『旧唐書』の「日本本土の二国併記」、すなわち王朝交代などは尊皇思想と尊皇史学、さらにはこれを継承する戦前・戦後の大学的日本古代史学からは、愚論、妄言の極みであろう。その際、『旧唐書』日本国伝に記載される大和朝廷の遣唐使による、当時の「日本現代史」にかんする発言さえもが、中国側の記載という口実で無視されることは述べた。

しかし、事実は隠しても否認しても顕れるものというべきであろう。なんと日本本土の「王朝交代記」、ならびに大和朝廷の実際の台頭は、七世紀後半という『旧唐書』日本国伝の、大和朝廷の遣唐使の言明と見事に照応する記事が、チャント『日本書紀』にあるのである。もちろん『日本書紀』は『古事記』同様に大和朝廷の八世紀初期の成立の正史であって、「万世一系」を日本の伝統と記すのが目的の政治的文書である。しかし、そこに六六三年以降の日本史上の決定的な大事件が、一見、何気ない仕方で記されているのである。その意味はあまりにも重要であろう。その第一は、天智紀の白村江での唐・新羅軍との決戦での大敗、ならびにそれにつづく「大和朝廷」・天智「天皇」がとった一連の戦後措置である。

①　白村江の決戦での大敗の日──「天智二年（六六三）、「秋八月己酉（二八日）……大唐、便《すなは》ち左右より船（倭船、引用者）を夾《はさ》みて繞《かく》み戦ふ。須臾之際《ときのま》に、官軍《みいくさ》（＝倭軍、引用者）敗續《やぶ》れぬ。水に赴きて溺れ死ぬる者衆《おほ》し、艫舳《へともめ》廻旋《ぐら》すこと得ず……」（岩波書店、日本古典文学体系・『日本書紀・下』、三五八頁、引用文の傍線は引用者。以下同様）

②　敗戦の翌年（六六四年）、「天智三年、春二月……天皇、大皇弟《ひつぎのみこ》に命《みことのり》して、冠位の階名《しなな》を増し換ふること、及び氏上・民部・家部等の事を宣《のたま》ふ。」（同書、三六〇頁）

③　天智三年（六六四）五月、唐の百済占領軍総司令格の劉仁願が朝散大夫の郭務悰を日本に派遣。一〇月に郭務悰帰国準備、「是の日に中臣内臣（鎌足）、沙門智祥を遣して、物を郭務悰に賜ふ。戊寅に、郭務悰等に饗賜ふ。」（同書、三六一頁）

④　〝六六四年〟（天智三）一二月に、「是歳、対馬嶋・壱岐嶋・筑紫国等に、防と烽とを置く。又筑紫に、大堤を築きて水を貯へしむ。名づけて水城と曰ふ。」（同書、三六二頁）。

右の記事の不可解さは次の点にある。つまり敗戦の日を『日本書紀』のいう、「天智二年八月二八日」として、本来ならば大敗の報に接するや直ちに、北九州を中心に本土防衛の緊急措置が指示・伝達されるべきものであろう。事は唐・新羅という外国との戦争である。大敗すれば直ちに対応策がとられるのが必至のはずである。なぜならば「倭軍」の大敗を追って、直ちに北九州侵攻軍が準備され上陸されて敗北すれば、国土の占領のみならず「倭王」は責任を追求され、処分されるか追放されるか唐に拉致される等、王朝にとって存廃がかかる顔面蒼白の緊急事態のはずである。第二次大戦の敗北をみればおして知るべしである。にもかかわらず約六ケ月間にわたって、無為無策であるのは異常である。そればかりか敗戦後の措置の第一号がなんと、「冠位の階名を増し換ふること……」というのである。

「国破れて山河あり」とは聞くが、「国破れて祝賀あり」とは聞いたことがない。そもそも外国軍に大敗した王朝が、戦後処理の第一に〝官位を増設しよう〟などという措置は、断じてあり得ない姿である。これができる者は、敗北した王朝の行く末が滅亡であることを願う者、ないしはそういう見通しをもって、「いよいよ出番がまわってきたぞ」という立場のものの、露骨極まりない狂喜の姿であろう。

現に、本土防衛措置も取らずに敗戦の翌年の五月に唐の百済占領軍総司令格の劉仁願が派遣した郭務悰と、六カ月にわたって交渉を行い、その結果がよほど嬉しかったとみえて郭務悰の帰途に贈り物をし、さらには別れの宴まではっている。そうして敗北の日から約一年五カ月たって、つまり本土に上陸した唐軍の使者が近畿を去ったはるかあとに、「是歳、対馬嶋・壱岐嶋・筑紫国等に、防と烽とを置く。又筑紫に、大堤を築きて水を貯へしむ。名づけて水城と曰ふ。」というのである。

ここにみられる措置は敗戦から寸暇を惜しんで国土や国民を防衛し、戦地に送った兵を少しでも保護するなど王朝ならば自己防衛の都合から必ずとられるべき最低の措置さえ、事実上、皆無なのである。それどころか唐軍の九州上陸に心を痛めるのでなく、その使者と面談して来るべきわが世の春を謳歌するという、「大和朝廷」が当時の「倭国・日本」の王朝ならば絶対にありえない姿である。これはまさに、『旧唐書』の日本本土の王朝交代記とピッタリと照応した、大和朝廷自身による日本史の真実の思わぬ告白であろう。

それにしても『日本書紀』にこうした記事が明記されながら、戦前・戦後をつうじて大学的日本古代史学のいかなる学者も、これに不審を表明したものがいないのである。驚くべきことである。もし本書のこの指摘にたいして、「『日本書紀』の記事は必ずしもすべてがあてになるわけではない」という人がいれば、もはや『日本書紀』は日本史の史料から除くべきであろう。一国の戦争の勝敗、その経緯と措置にかんする記載さえ〝当てにならない〟というのであれば、である。以上の考察からおのずからでてくるものは、太宰府造営にかんする『日本書紀』の言及は、次に指摘するとおりに単なる〝つけたし〟記事だということである。

先の記事から浮かびあがる当時の姿は、「倭国」の中心地、北九州は唐・新羅連合軍、ないしは唐軍によって占領・支配されていたということである。現に『日本書紀』天武紀には、真実の日本史にとってきわめて大きな意味がある次の記事がある。

「一二月に、天命開別《あめみことひらかすわけ》（＝天智）天皇崩《かむあが》りましぬ。元年（六七二）の春三月……（干支）……に、内小七位阿曇連稲敷を筑紫に遣して、天皇の喪を郭務悰等に告げしむ。是に、郭務悰等、咸に喪服を着て、三遍挙哀る。東に向ひて稽首む。壬子に、郭務悰等、再拝みて、書函と信物とを進る。夏五月の辛卯の朔壬寅に、甲冑弓矢を以て、郭務悰等に賜ふ。是の日に、郭務悰等に賜ふ物は、総合て絁《ふとぎぬ》一六七三匹、布二八五二端、綿六六六斤」（岩波書店、日本古典文学体系・『日本書紀・下』、三八四頁、傍線は引用者）である。

天武元年は西暦六七二年である。白村江の決戦の大敗は六六三年の八月である。つまり「倭国」大敗の年から一〇年も経過して郭務悰という唐の百済・倭国戦の将軍が何のために筑紫に、また筑紫のどこに駐留していたのか、であろう。これは日本古代史の大問題ではないだろうか。当然、その駐留地は太宰府であり、その駐留目的の第一は「倭国」権力の解体であろう。なぜならば白村江の決戦につながる百済の遺民の新羅・唐への決起を軍事力をもって支援した者は、太宰府に都城を構えた「倭国」だからである。こう考える以外に白村江の大敗の報に接して真っ先に、「冠位の階名を増し換えること……」という措置をとった大和朝廷（の始祖）の態度を説明できるものはないであろう。

したがって筑紫への郭務悰等の駐留は、大使館形式ではなく軍事的駐留と考えることが自然である。これは明らかに日本民族に対する外国勢力の侵略・介入という大問題である。にもかかわらずその事実の基本部分を何気ない仕方で正史に書きはしたが、その意味、その歴史的経緯と措置等にかんして一切記載がないのは実に実に大問題であろう。ここに大和朝廷の本質がある。

しかも『日本書紀』に大和朝廷が外国人等に、これほど莫大な贈り物をしている記述の例はないのではないだろうか。なにはともあれ「倭の五王」を意識した記事と推測されるが、そうしてそれによって馬脚を顕しているのであるが、中国南朝をさえも「貢奉る」(応神・仁徳・雄略紀)と書く、尊大な「大和朝廷」である。したがって郭務悰への贈答記事は、『日本書紀』にしては異例と思われる。

また、いつも「貢奉る」水準にあつかわれている新羅にたいしても、郭務悰への贈答記事の前年に、「新羅の王に、絹五〇匹、絁《ふとぎぬ》五〇匹、綿一千斤、韋一百枚賜ふ」(天智一〇(六七一)年の一一月。同書、三八〇頁)ともある。この唐と新羅が「倭国」滅亡の立役者であることは云うまでもない。この贈答記事はそれへの謝礼記事であろう。

これらの記事は『旧唐書』東夷伝の、日本本土の七世紀末の王朝交代記という額縁にみごとにおさまり、かつ『旧唐書』の二国併記を、歴史論として大和朝廷の正史が、みずから補完する関係にある記事である。したがって「〃六六四年〃(天智三)一二月に、『是歳、対馬嶋・壱岐嶋・筑紫国等に、防と烽とを置く。又筑紫に、大堤を築きて水を貯へしむ。名づけて水城と曰ふ。』」という記事は、百《パー》%《セント》造作記事というよりは、正確には単なるつけ足しでしかないのである。軍事的進駐のあとで「防と烽とを置く。又筑紫に、大堤を築きて水を貯へしむ……」といっても、防衛措置としては無意味だからである。つまり太宰府の大水城や山城は、天智のはるか以前から北九州に存在していたものということである。

だが「万世一系の天皇制」を史実とし、これを信じ、これを誇りとすることこそが「愛国心」であるかにいう者達が、「白村江の決戦」の大敗にかかわる『日本書紀』の記事の、天智を先頭とする大和朝廷の言動を不問にふすこと、特に唐の太宰府占領に沈黙する態度は、はたして愛国心のある姿であろうか。深刻に問われるべきである。

「天命開別天皇」について

しかも天智天皇の名は「天命開別《あめみことひらかすわけ》」とある。岩波書店、日本古典文学大系・『日本書紀・下』の「上段注一」には、「天命を受けて皇運をひらいたの意か」(同書、三五二頁)とある。中国古典と「倭語」をつき混ぜた名と考えるが、問題は「天命」である。

この「天命」とは、「天命論」からの借用であろう。「天命開別」をした、つまり〝天命によって王家を開いた〟と理解できるのである。古代中国の「天命がくだる」という言葉は、新王朝の設立を指すのである。十分に当時の現実を反映し、それを中国風に表現したもので、唐・新羅の「倭国」への侵攻とその滅亡という思いがけない「天命」によって、「天皇」の地位を得た者といっても間違いではない。つまりこの「天命開別天皇」という命名は真実の日本史を反映した名と思われるのである。これを通説のとおり天智を当時の「天皇」とすると、外国に大敗して朝鮮半島南部の「倭地」を失い、他国に降伏した天皇を「天命開別」ということになり、当時の現実と真正面から衝突する命名となろう。

以上であるが大学的日本古代史学が一貫して無視している、『旧唐書』東夷伝の日本本土の「王朝交代記」は、『日本書紀』にも一見たんたんたる外見を装いつつも、いわば対応した記事があるのである。外国勢に戦争で大敗した「王朝」が、何よりも真っ先に「官位増設をする」という記事の異常性をさえも不問に付すことは、学問の公正性をさえ自ら投げ捨てたもの、と言われても仕方がないであろう。しかし、この大学的日本古代史学の姿は断じて偶然ではなく、「大和朝廷一元史観」の必然的な姿である。

第四章　近代日本古代史学の特異性

述べたとおりに戦後の大学的日本史学が、「邪馬壹（一）国」論争で「結果をだせなかった」のは、「邪馬壹（一）国」が正しい「卑弥呼の都する所」の名であるものを、「ヤマト」に結びつけるという史観、すなわち「大和朝廷一元史観」に固執して、「邪馬臺（台）」の正しい意味を発見する道を自ら閉ざしたためである。しかし、この日本史観こそは近世尊皇思想とその史観に根元をもつものであって、これこそが明治以降の近代日本古代史学の日本史観の不動の基盤なのである。なぜならばこの思想と史観こそが、明治維新の「尊皇攘夷」の「尊皇論」だからである。したがってこの近世尊皇思想と史学の姿を正しく理解することは、今日の「大和朝廷唯一史観」の性格・特質、ならびにそれが今日の日本社会で果たしている意味を知るうえで、大きな意義があるのである。まずはその世界の歴史学にない異端的特質から述べたい。

一　「万世一系の王朝」などあり得ない

以上に述べたとおり『古事記』『日本書紀』の記す「日本史」と、古代中国正史類等にみる日中交流記とが、まったく一致していないという問題こそが、日本古代史探求の一番重要な問題なのである。その根本の食い違いは、「万世一系の天皇制は日本民族の伝統」なる尊皇史とその史観と、日本の古代国家・王朝複数論の中国史料の記載の食い違いである。そもそも国家開闢以来、一王朝のみなどという歴史の国は、日本本土以外に世界に存在しないのである。

したがって尊皇史学には、なぜ、日本本土だけが世界で「大和朝廷一元史」なのか、この説明を求められるのである。「皇国史観」はこれを、当時の小学校（尋常小学校〜国民学校）以来、子供はいうに及ばずすべての国民に対して「説明」したのである。それを「皇国史観」大成者の本居宣長（一七三〇〜一八〇一）の言葉で見ていこう。

①「そもそも此道は、天照大御神の道にして、天皇の天下をしろしめす（治める）道、四海万国にゆきわたりたる、まことの道なるが、ひとり皇国に伝はれるを、其道はいかなるさまの道ぞといふに、此道は、古事記書紀の二典に記されたる、神代上代の、もろもろの事跡のうへに備はりたる」（「うひ山ぶみ」、傍線は引用者。以下同様）。

②「異国は、天照大御神の御国にあらざるが故に、定まれる主（万世一系の王家の意）なくして、狭蝿《サバエ》（＝ハエが汚物にのむらがるように……他国をいやしめた表現）なす神ところを得て、あらぶるによりて、人心あしく、ならはしみだりがわしくして、国をし取つれば、賤しき奴《ヤッコ》（＝平民）も、たちまち君（君主）ともなれば、上《カミ》とある人は、下なる人に奪はれじとかまへ、下なるは、上のひま（隙）をうかがひて、うばわむとはかりて、かたみに仇みつつ、古へより国治まりがたくなも有りける。（『古事記伝』、「直毘霊《なおびのたま》」）。

③「まことの道は、天地の間にわたりて、何れの国までも、同じくただ一すぢなり。然るに此道、ひ

とり皇国にのみただしく伝はりて、外国にはみな、上古より既にその伝来を失へり。それ故に異国には又別にさまざまの道を説きて、おのおの其道を正道のやうに申せども、異国の道は、皆末々の枝道にして、本のまことの正道にはあらず」（「玉くしげ」）。

つまり日本本土が「万世一系」の由縁は、本土の王朝が天照大御神からの一貫した王統を継承するからだ、という、つき詰めれば、神話をも含めた『古事記』『日本書紀』絶対主義からの「日本史論」である。すなわち日本神国論・皇国史観なのである。

この本居宣長の説が単なる文章に止まるものでは無く、戦前の日本社会を覆い支配した国家的理念であったことは、敗戦の日まで天皇は「現人神《あらひとがみ》」と政府と、日本帝国軍隊が素面で大まじめに、国民に宣伝・強要した理念であって、これが戦前の日本社会の現実だったのである。この時代、男子は「天皇陛下の御為に戦死することが最高の栄誉」とされたのである。

二　戦後の日本古代史学とアメリカ

敗戦になるや、天皇は、「現人神」から「人間宣言」を、二〇世紀の全世界の前で恥じらいもなく行った。こうした急変のなかで、今度は天皇にかわってアメリカ占領軍が最高権力者となった。そうしてポツダム宣言を蹂躙して、「日米単独講和」から日本列島をアメリカの対ソ、対中国戦略の前線基地化し、さらには日本の大企業を目下の同盟者に仕立て上げ、日本列島と国民をアメリカのアジア侵略政策で従属国として利用するという、いわゆる日米安保体制確立へと進んだ。

こうしてアメリカ政府はそのために天皇を利用して、日本国民を押さえつけるという政策をとった。しかし、その際、「現人神」とか、天皇神聖化の具とされた『記・紀』神話、ならびに天皇の元首化をも拒否して「象徴性」を重視した。すなわち「万世一系の天皇制」の利用である。こうしたアメリカ政府の路線からみて、もっとも適切な「日本史論」として、いわゆる「記・紀批判＝皇国史観批判」、すなわち「神話批判」で有名な万世一系史観の保持者、津田左右吉氏の「古代史学」が選ばれたのである。

断じて戦後の大学的日本古代史学が、戦前の自分達を反省・総括したなかから、津田説が合意されたというのではない。津田史学への戦後の日本の知識人の評価の力点が、『記・紀』の神話の批判者で、戦前に「記・紀批判」の故をもって、政府の弾圧的な裁判にかけられていたという点におかれ、その実、本居宣長顔負けの尊皇論者であるという点は、評価や批判の埒外におかれた。その日本史観は次のとおりである。

「二千年の歴史を国民とともにせられた皇室を、現代の国家、現代の国民生活に適応する地位に置き、それを美しくし、これを安泰にし、さうしてその永久性を確実にするのは、国民みずからの愛の力である」（「建国の事情と万世一系の思想」、『世界』一九四六年四月号、五四頁、傍線は引用者）というものである。「万世一系の天皇制は日本の伝統」という史観では、本居宣長と寸分変わっていない。それどころか神話の否定という科学的外見とは裏腹に、何故、日本本土だけが世界で「万世一系の王朝、国家」なのか、という肝心要の問題に、「皇室への国民の愛」（氏の「日本古代国家形成論」は日本民族単一論、大和朝廷への国民の敬愛による平和統一論」（「建国の事情と万世一系の思想」）である。これは近世尊皇思想の「神」を「愛」におきかえたに過ぎないもので、世界に例のない歴史学であるという点では、「皇国史観」史学と根本的な違いはないものである。

さてマッカサーが天皇制の維持存続を決意するうえで重要な役割を果したとされる、最高司令官（マッカーサー）付軍事秘書官兼対日心理作戦部長、ボナー・フェラーズ准将という人物が、一九四五年一〇月二日に提出した文書が、戦後の象徴天皇制問題を決するうえで極めて重要な役割を果したという。その一節に「天皇にたいする日本国民の態度は概して理解されていない。キリスト教徒と異なり日本国民は魂を通わせる神を持たない。彼らの天皇は、祖先の美徳を伝える民族の生ける象徴である。天皇には、過ちも不正も侵すはずのない国家精神の化身である」（中村正則氏著、『象徴天皇制への道』、一六六頁、岩波書店、一九八九年）とある。これはまさに津田氏の「天皇への国民の愛」論と酷似するものである。

この「知日派」のいう「天皇にたいする日本国民の態度」論は、天皇制を日本人の「国家精神……」という「精神問題」に解消する点で、津田左右吉氏の「国民の愛」論に通じるものである。したがって「万世一系の天皇制」を、「国民の愛」で合理化しようと「国家精神の化身」と言おうと、また「天照大御神からの一系」と言おうと、「万世一系の天皇制」なる「大和朝廷唯一史」が、なぜ世界で日本本土だけなのかという肝心要の問題の説明には、結局は、「神、愛、精神」なる観念を持ちだす以外に説明不能という点で違いはないのである。つまりそこに実証性などはそもそも存在しないこと、あたかも神の存在の如しなのである。すなわち「万世一系の天皇制は日本の伝統」なる主張と思想は、本質的に宗教思想と心情に過ぎず、一片の客観的事実による論証も、人類の普遍性を共有する科学的な国家形成論と、それにたつ真に学問的考古学を伴うことも不可能なのである。したがってこれは本質的には中世キリスト教同然の観念論であり、その故に宗教と同質でありながらも、その存在のあり方が宗教と一見異なっている由縁は、「尊皇論」は「日本史論」として現れるところに、際立った特徴があるからである。

つまり近世尊皇思想を継承する明治以降の大学的日本古代史学とは「尊皇教」であって、その大学等の諸教授はさしずめその教団の祭司に似たものとならざるを得ないものである。津田氏は、考古学重視を「記・紀批判」で強調したのではあるが、それは先述の三角縁神獣鏡・卑弥呼受授論や、巨大「前方後円墳・大和朝廷造営論」という、国際的に否認されている「考古学」でしかあり得ないのは当然のことである。戦後の大学的日本古代史学の「万世一系・大和朝廷一元史と史観」は、津田史学にたって「皇国史観」と神話批判の旗を振りかざし、考古学・物証の重視を叫んだのであるが、皮肉にも神話絶対視の「皇国史観」史学と、「万世一系の天皇制は日本の伝統」という点で、まったく違和感はないのは以下のとおりである。

① 「皇国史観」――天照大御神からの「万世一系」

② 「邪馬台国・北九州説、大和朝廷に滅ぼされた論」……津田左右吉、本居宣長等、近畿大和中心の「万世一系論」

③「邪馬台国・近畿大和説」、「邪馬台国・東遷説」……ともに「卑弥呼、大和朝廷の始祖論」にたつ「万世一系論」

この三つはともに「万世一系」史観であって、これ以外には明治以降の大学的日本古代史学の「日本史観」は、マルクス主義にたつという著名な日本古代史の学者をふくめて存在していない。

第五章　古代中国正史類にたいする態度

一　「皇国史観」＝「倭は大和朝廷に非ず。王朝に非ず」

以上にのべたとおり古代中国史料や古代朝鮮史料と、『記・紀』およびそれを絶対化する近世尊皇史学、戦前・戦後の大学的日本古代史学とは両立しない関係にある。これが真実の姿なのである。したがって真の日本古代史の探究では、この古代中国正史類の対日交流記にたいする態度は根本問題となるのである。江戸時代以降の近世尊皇史学は、古代中国正史類の対日交流記の全面的否定をこそ、その絶対的な前提としてきたのである。これは尊皇史学の必然的な姿である。まず本居宣長の例で確認しておこう。

①「第一に漢意儒意を、清く濯《スス》ぎ去って、やまと魂をかたくする事を、要とすべし」（「うひ山ぶみ」、傍線は引用者、以下同様）

②「初学の輩、まず此漢意を清く除き去って、やまとたましいを堅固《カタ》くすべきことは、たとへばもののふの、職場（ママ）におもむくに、まづ具足をよくし、身をかためて立出るがごとし。もし此身の固めをよくせずして、神の御典《ミフミ》（＝古事記・日本書紀）をよむときは、甲冑をも着ず、素膚《スハダ》にて戦ひて、たちまち敵のために、手を負ふごとく、かならずからごころに陥るべし」（前掲書）。

③「がくもんして道をしらむとならば、まず漢意《からごころ》をきよくのぞきさるべし。から意の清くのぞこらぬほどは、いかに古書（『古事記』、『日本書紀』）をよみても考へても、古のこころをしらでは、道はし

りがたきわざなむ有ける」（「玉勝間」、傍点は引用者）

④「漢意とは、漢国のふりを好み、かの国をたふとぶのみをいふに非ず。大かた世の人の、万《よろず》(=すべて)の事の善悪是非を論《あげつら》ひ、物の理《ことわり》をいふたぐひ、すべてみな漢籍の趣なるをいふ也」（「玉勝間」）

⑤「天皇尊（すめらみこと）の大御心を心とせずして、己々《おのおの》がさかしらごころを心とするは、漢意のうつれるなり」（『古事記伝』、直毘霊）というのである。以上であるが本居宣長の著書『馭戎概言』で、併せて古代中国史料の対日交流記事のへの見解をも見ておこう。

それは、卑弥呼や「倭の五王」は、「大和朝廷」とは無関係な地方的勢力という見地、すなわち「倭は大和朝廷に非ず。王朝に非ず」という考え方である。これは戦前までの大学や文部省（教科書）の公式的日本古代史の見地である。

卑弥呼にかんしては、「筑紫の南のかたにていきほひある、熊襲などのたぐひなりしもの……」（『馭戎概言』）といい、「倭の五王」にかんしても、「天皇に、讃珍済興武などと申す御名あることなし。……松下氏（松下見林）、この天皇たちの御名々を、おのおのかの讃などいへる名共にあてたれども、さらにかなはず、いささかも似つかぬしひこと也」（『馭戎概言』）と述べている。戦前の日本古代史では遣隋使が日中交流の最初と、小中学校では教えていたのである。それは『日本書紀』推古紀にこの記事が登場するためである。すなわち戦前の皇国史観史学の基本的態度は、「倭は大和朝廷に非ず。王朝に非ず」である。

二　戦後史学＝「倭は大和朝廷」

戦前の「倭は大和朝廷に非ず、王朝に非ず」とした日本史観の根拠は、「万世一系の天皇制」を神から説明する考え方にたっていたためである。つまり神とは永遠の昔からあるとされるものである以上、天皇は日本開闢以来の唯一王家と言える。すなわち卑弥呼であれ「倭の五王」であれ、それが古代中国正史類にどう記されどう登場しようと、「大和朝廷」は日本開闢以来の王家であって、古代中国正史類の記載などは、どうでもいい枝葉末節の問題としたのである。

しかし、戦後、「天皇の人間宣言」以後に、「卑弥呼は熊襲のたぐい。天皇に、讃珍済興武などと申す御名あることなし」などと公言すれば、「では卑弥呼、倭の五王」はどこの王かが問題になり、「万世一系の天皇制は日本民族の伝統」論は終焉をむかえる。これは戦前の憲法に「大日本帝国ハ万世一系ノ天皇之ヲ統治ス」などと規定してことは、日本民族の歴史を根本から歪めたものとなり、「尊皇攘夷」を名目に成立した明治政府の、「万世一系」史観を口実にした権威づけにも、厳しい批判が世論としておきる可能性があることになろう。こうして天皇の神格化が否定された結果、「万世一系の天皇制は日本の伝統」をいうためには、「倭は大和朝廷に非ず。王朝に非ず」論、つまり「皇国史観」を批判して、是非とも、「倭は大和朝廷＝王朝論」をもっともらしく構築する必要に迫られたのである。すなわちこれが戦後の大学的日本古代史学の構築であり、「倭の五王＝大和朝廷論」にみるような松下見林の『異称日本伝』の復権である。

この姿の中心が「邪馬台国」論争での、「邪馬台」は「ヤマト」の音を写したもの、にあったわけである。すなわち古代中国正史類の対日交流記の取り込みである。だがその際困ったことは、「倭は大和朝廷とは別の王朝」であって、したがってこれを「大和朝廷」というのは、シンデレラの靴を娘の足にあわせるべく、あくせくする継母の努力に似た奮闘が求められることになるのである。戦後の日本古代史学はまさに、この役を自ら演じているのである。

三　江戸時代の尊皇史学批判

こうした近世以降の尊皇史学にたいして、すでに江戸時代に痛烈で正当な批判が行なわれているのである。しかし、それは尊皇思想の否定につながる結果、明治以降の大学的日本古代史学では完全に無視されたばかりではなく、儒教的知性の全面的否定をこそ「文明開化」の根底においた意識を、いわばそのすそ野とする近代日本の開明的な意識によっても、古代中国正史類および朝鮮史料の対日交流記載は正当に評価されることもなくやはり無視されたのである。

近世尊皇思想への正当にして痛烈な批判の例は、新井白石の水戸史学への次の指摘である。

「……本朝（日本）にこそ書も少なく候へども、後漢書以来、異朝（古代中国）の書に本朝の事しるし候事共、いかにもいかにも事実多く候。それをば、こなた（日本側）不吟味にて、かく異朝の書の懸聞の訛《あやまり》と申しやぶり、又は、三韓は四百余年本朝の外藩にて、それに見へ候事にも、よき見合わせ候とも（参考として研究すべきものがあっても）右の如くにやぶりすて候。本朝国史々々とのみ申すことに候。まずは本朝の始末、大かた夢中に夢を説き候ようの事に候」（岩崎充胤氏著、『日本近世思想史序説・上』、二五九頁、新日本出版社、一九九七年、初版。傍線は引用者）。

「魏志は実録に候。此の如きの所が古学の益ある事にて第一の要に候。日本紀などは、はるかに後にこしらえて候事故に、大かた一事も尤もらしこ事は、なき事に候」（佐伯有清氏著、『魏志倭人伝を読む・下』、一四頁、吉川弘文館、二〇〇〇年）。

これは新井白石が、最晩年に『史疑』という未完の著作を意図して、一七二四（享保九）年正月二日付けで、仙台藩の佐久間巌源におくった手紙である。次の『日本書紀』批判は同年の五月一一日付けで、同じく洞巌に送った私信の一節である。ここには『古事記』『日本書紀』を「国史の誤り」と認識し、儒学によってそれが正されるべき、という考え方が明確に語られている。

そうしてこの白石の期待を裏切った尊皇水戸史学を厳しく批判して、古代中国・朝鮮史料を基本的に正しい記録という正当な立場にたち、あわせて「邪馬一国」近畿説を九州説に態度変更をして、水戸藩の尊皇史学——近世〜現代日本古代史学に通じる——を的確に批判したものである。古代中国正史類等の「万世一系」論と異なる記述に対して、水戸史学などの近世〜現代の日本古代史学が、中国人、朝鮮人の「見聞の誤りだ」として「申しやぶる。やぶり捨てる」という、事実も道理もない無茶苦茶な態度をとり、「本朝国史々とのみ申すことに候」、すなわち〝『古事記』『日本書紀』だけが正しい〟とする態度を批判して、「まずは本朝の始末、大かた夢中に夢を説き候ようの事に候」と断じている。まさに近世尊皇史学、尊皇思想、戦後日本古代史学の、もっとも本質的で肝心要の反理性主義、その根本的な体質を「夢の中で夢を語るような」、いわばうわ言の類だ、と一刀両断しているのである。

かえす刀で「日本紀」すなわち『日本書紀』を、〝日本史の歴史的現実から時間的にはるかに後代の編集であって、しかも「こしらえもの」すなわち造作物に過ぎず、その記事のほとんどは一事も真実らしい記述はない〟と、正当な批判をおこなっている。

また江戸時代の知識人の「記・紀神話」等への考え方をも、本居宣長による当時の開明的な知識人への、激しい攻撃の一部をここに引用してその姿を見ておこう。

「世の識者《ものしりびと》、月日は天地の初発《はじめ》より自然《おのずから》ある物とし、天照大御神・月読命《つきよみのみこと》をば、別なりとして、説《こと》を立てるは、何《いづれ》の書に見えたるぞ。ただ漢籍《からぶみ》の理に溺れたる己が私《わたくし》ごとにして、甚《いたく》古伝に背けり」（『古事記伝』）。

こうした江戸時代の健全性のある儒教的知性は、その後、一方では、尊皇史学が明治維新をつうじて憲法第一条として国教となり、他方では、欧米の民主主義と自然科学等の発展した文明に遭遇して、文明開化の一見華やかな「進歩」の輝きのなかで、特に古代中国文化は、あたかも封建的後進的文化の固まりで日本を欧米文化から遅れさせた、元凶ででもあるかにみなす風潮が広がるなかで、熟慮されることもなくごみ捨て場にすてられた履きつぶした靴のように扱われた。

その際、古代中国の思想と文化が世界のその他の古代思想と文化にたいして、全く異色の特質を持つ点、その徹底した無神論的側面の重要性などもまったく省みられなかった。これは近代日本にとって自身の宝物を、ドブに捨てるような愚行であったと考えるものである。例えば『論語』に有名な、「子、怪力・乱神を語らず」をはじめ、自然や人間社会の理解と説明に「怪」、すなわち超自然的な非合理な存在を前提とせず、同じことながらも神を持ち出さないという思想であって、結局は、唯物論から世界を認識、説明しようという立場である。

したがって、すでに識者によって指摘されている通りに、古代中国にはヨーロッパ人が近世になってやっとたどり着く、「事実求是」すなわち事実にもとづいて真実を求めるという、高度の思想が紀元前からあるのである。ただこれらは紀元前という人類の自然と人間および人間社会への科学的認識が、まだきわめて不十分な時代のために一見幼稚に見えるのである。しかし、その精神は根本において極めて高度の思想である。

ヨーロッパの文明の主たる方向が日本の尊皇思想とよく似た、キリスト教の「神による天地創造」だの「神の思し召し」式思想から脱却する契機は、イタリア・ルネッサンス期が最初である。それはコペルニクス（一四七三～一五四三）の「地動説」、これを正しいとして勇敢に『聖書』の権威に立ち向かい、教会によって焼き殺されたジョルダーノ・ブルーノ（一五四八〜一六〇〇）に次いで登場した、ガリレオ・ガリレイ（一五六四〜一六四二）の天体望遠鏡による月をはじめ天体の観測による、「地動説」の実証的展開（『二大宇宙体系についての対話』、一六三二年）に代表されることは周知のことである。当時のキリスト教会（ローマ公教会）は、ガリレオを告発させてローマの「異端審問所」で裁判にふして、「火あぶりの刑」で脅しあげたことは有名である。

しかし、「地動説」は勝利した。これはヨーロッパ近世の商品生産と流通の発展を土台に、海上交易とアメリカ大陸の発見等の航海の必要から自然科学への要請が高まったこと、およびヨーロッパでの封建勢力と、資本主義と近代民主主義へと道を開く諸勢力との階級闘争——旧教と新教の莫大というべき流血の闘争等をふくんで——を通じて、旧教的な「『聖書』絶対主義」の克服が勝ち取られたものであって、その到達点は、古代中国の時代の自然科学等の水準をはるかに凌駕したものであることは言うまでもない。このヨーロッパの近代的民主主義の探求と自然科学の発展がもたらした成果の、最大の果実は、弁証法的唯物論を基礎にしたマルクス主義が創設されたことであると考えている。

さて儒教に話をもどして、儒教が中国では都市国家時代に成立した思想でありながらも、日本では鎌倉時代にはその進歩的側面がすでに受容さてれたが、江戸時代に一二世紀の中国・宋の朱子（一一三〇〜一二〇〇）の学説が、あらためて受容され幕府の奨励によって広がるという経緯をたどった。このために儒教が都市国家時代の思想という点は正しく理解されず、当然ながら日本封建制のイデオロギーとして、歪曲的に解釈される側面が大きかった。この他に江戸時代には、明の律令の影響も受けている。

特に明治以降の絶対主義的天皇制政府とそのもとで日本古代史学が、一方では古代中国の文化が生み出した古代正史類の対日交流記への、極端で無道な否定を行いながら、他方では古代都市国家時代の文化である古代儒教を、国学の尊皇思想の額縁におさまるように或いは切り刻み、あるいは変形し、「忠君愛国」と「上の命令に絶対服従せよ」式の、真の儒教とは異なる怪物を造作して、「修身」や『論語』教育などで子供と国民にそれを強要した。

それもあって儒教への反感は、とりわけ天皇制を批判した人々を中心に極めて鮮烈であった。さらに明治以降の儒学者は、徳川時代から明治以降にも引き継がれた地主制度等を基盤とする、絶対主義的天皇制下の封建的残存物を美化・合理化する傾向がつよく、古代中国儒教の真に進歩的側面と、その文化が生んだ歴史の記録が日本史解明できわめて重視されるべきことや、日本史の進歩に大きく貢献してきた側面など、その事実を勇敢に指摘・擁護するという、つまり古代儒教が近世以降のヨーロッパ文化に負けず劣らず、日本において重要な意義がある点を明らかにするという、近代儒学者に課せられた課題を自覚・達成する点で、ほとんど見るべきものはない状況であったと考える。

こうした日本の近代儒学の弱点は、氏族・部族社会からの人類の古代国家形成史を踏まえて、そのなかで古代中国の都市国家の性格と特質を明らかにし、古代儒教が実にその時代の社会的意識を理論化・体系化した、人類史的には非常に貴重な記録と文化であるという点を、明らかにし得なかったところにあると考える。これは単に日本儒教の弱点というに止まらず、多分、中国での漢時代の儒教再建とそれの視点および朱子学等の儒教の伝承形式の弱点が、そのまま日本でも受容されたという問題とも深くかかわるのかも知れない。それは古代中国きっての唯物論の哲学者と言われている、一世紀の王充の『論衡』という「漢儒」の権威主義と迷信、非合理主義への徹底的批判の著書等が、日本では重視されていないところにも示されている。

さらには古代都市国家時代とその文明が、『古事記』『日本書紀』の「万世一系史」の結果、全く伝えられていない日本においては、儒教への理解が書物の文字面を追いまわした、文献上からの観念論的解釈学しか存在の余地がなく、しかも先述のとおり中国の「漢儒」以降の儒学伝承の弱点も加味されて、儒教への極めて大きな誤解と歪曲が生じた側面も軽視しがたい。

真に正しい儒教の意義ある研究は、マルクス主義の史的唯物論にたって行なわれた場合のみと思われる。マルクス主義の古代国家形成論と民主主義論への考察は、国家形成の母体である氏族社会論を土台として展開されている。民主主義は国家体制下の一制度であるが、氏族社会には国家は存在しない。しかし、この社会の社会組織の仕組みは民主主義の原型をなしていることは、一九世紀のアメリカの人類学者（上院議員）ルイス・ヘンリー・モーガン（一八一八〜一八八一）によって明らかにされている（『古代社会』（上下二分冊、荒畑寒村氏訳、角川書店、一九五四年、初版）、『アメリカ先住民のすまい』（上田篤氏監修、古代社会研究会訳、岩波書店、一九九〇年、第一刷。なお以後『すまい』ともいう）。

この見地はマルクス・エンゲルスによって正しく擁護されている。これは氏族・部族社会から誕生したばかりの都市国家時代の人類の文明、その特徴的な思想と文化を知るうえで、大きな意義をもつものと考えるのである。階級のない社会から国家という、支配するものとされる者とに分かれた最初の社会で、長期に存続した氏族社会の原民主主義は、どのように変形を被ったのか、という問題は、極めて大きな意味のある問題と思う。

それは先ず古代ギリシャと共和制ローマ、また近世ヨーロッパの民主主義を生み出した原動力となったことが、マルクスやエンゲルス等のヨーロッパ社会の発展史の研究で明らかにされている。したがってこのマルクス・エンゲルス等の観点・方法を、アジアの氏族・部族社会から都市国家への発展過程に適応させることは、正しい仕方であると言えると考えるものである。なぜならば儒教にせよ仏教にせよ、すべて都市国家時代の思想と文化だからである。

こうした視点は、これまでの儒教をはじめ東アジアの古代思想と文明の研究ではなかったか、必ずしも明確にされてはいないものと思われる。日本の未来を開く力を養うものの探求は「青い鳥」ではないが、欧米の「海のかなたの空遠く、幸い住むと人のいう」面への注視ばかりではなく、自らの真の歴史とそれと深くかかわる東アジアの歴史と文化・思想をも、本気で重視するということではないかと思われる。

しかも近世ヨーロッパの幕開け、近代ヨーロッパの民主主義の直接的な源流は、民族大移動期以降の「ゲルマン人」の「原始共産体の直接的所産」（エンゲルス、「『資本論』第三巻への補遺」、および『家族・私有財産・国家の起原』。一七八頁参照）と指摘されてもいるのであれば、アジアにおける「原始共産体の所産」、その体制的思想は国家形成・誕生のあとは、いったいどこに行ったのか。アジア的専制体制という不毛の地に、あたかも砂漠の川が消えるように消えたのか、これがあらためて問われるべきと考えるものである。

これを七〜八章で試論として述べたいと思う。

第六章　「前方後円墳」等にかんして

一　「前方後円墳」造営者と「沖の島」

「前方後円墳」の真の造営者の問題や、志賀の島出土の金印・「漢の委奴国王印」問題など、日本古代国家の形成・発展にかかわる極めて重要な諸問題にかんしては、拙著『消された日本古代史を復原する』に詳しく述べたので、ここではごく基本的な点を指摘するに止めたい。近畿地方の巨大「前方後円墳」の真の造営者を考える基本的な視点は、世界の古代史学が正当にも明らかにしているとおりに、巨大都城がないものが「ピラミッドに匹敵する前方後円墳を造営した」という主張などは、論外の主観主義的主張、文字通り「夢中に夢を説き候ようの」説に過ぎないという点である。

今日の「前方後円墳・大和朝廷造営」論のそもそもは、『古事記』『日本書紀』を妄信した江戸時代の尊皇史学の、唯心論的幻想に過ぎないことは三角縁神獣鏡の例で先述した。さらに別の例をあげておきたい。「松下見林はその壮年時代、『山稜の荒廃をなげき、自ら山稜を訪ね』るなど、勤皇思想の発展するにともない皇室の祖先の陵墓が、その存在がわからないままに荒廃していっていることに対する措置を重視」（斎藤忠氏著、『日本考古学史』、二二頁、吉川弘文館、一九九五年、新装第一版。傍線は引用者）したという。

次が「前方後円墳」の古墳名である。「前方後円墳」という名は古代からの伝承や記録ではなく、近世尊皇思想家・蒲生君平（一七六八～一八一三）が、平安時代の牛車にこの古墳をみたてて命名（『山陵志』）

したものという周知の事実である。

これらの指摘の意味は次の点にある。すなわち近世以降の尊皇史学によれば、「大和朝廷は万世一系、日本で唯一の王家」のはずである。ならば「ピラミッドに匹敵する」墓を造った祖先の名や、その古墳の所在地、況んやその古墳の本来の名などは、古墳時代から遠くはなれた江戸時代の尊皇の学者が、一々論をたてて介入するなど僭越至極の沙汰であって、「万世一系」の御当家御自身が一から十まで御承知のはずである。いや御承知であるべきである、という一点である。

にもかかわらず墓の所在はおろか、二一世紀を目前にして、「古墳の研究でいちばん困るのは、その古墳に葬られている人がだれかわからないことである」(井上光貞氏著、『日本の歴史・1』、三〇三頁、中公文庫。一九八五年、傍線は引用者)という姿が現実なのである。これはいったいどういう意味であろうか。「万世一系」の御当家が、古墳の埋葬者も、その古墳の造営の「天皇名」も、造営カ所も、さらにはその古墳名も知らないから、御当家を「万世一系」と言う臣下共が色々論をたてている、ということであろう。これほど奇怪至極なことはない。まさに「裸の王様」そのものであろう。

「万世一系」ならば当然記録や伝承があるべきである。「万世一系、唯一王家」ではないから、御当家には記録も伝承もないのである。にもかかわらず江戸時代の尊皇家が『古事記』『日本書紀』を妄信して、色々と主張しているに過ぎないのである。つまり「近畿地方の『前方後円墳』は大和朝廷の造営」なる主張には、一片の客観的根拠もなく、ただ近世以降の「日本の王家は万世一系の大和朝廷」論者が、一斉に主張し唱えているに過ぎないものなのである。

二　沖の島の遺物の意味

それを証拠だてるものが「海の正倉院」と呼ばれる沖の島の莫大な遺物である。これを日本古代史学は、古代以来の「大和朝廷」の、中国・朝鮮交流の海路の安全祈願の姿を止めたものというのである。しかし、「倭国」が六六三年〜七世紀末の間に唐、新羅によって滅亡においこまれたのが日本史の事実である以上は、以下に示す膨大なしかも近畿地方の巨大「前方後円墳」から出土する遺品と共通の遺物は、「大和朝廷」にかかわるものでは断じてあり得ないことは、単純な引き算同様であろう。したがって近世以降の尊皇史家が、どんなに声を大にして「巨大前方後円墳は大和朝廷の造営だ」と一斉に叫んでも、肝心要の「万世一系」の御当家からは、寂として声がないのは当り前ということになるのである。

その「海の正倉院」の実態にかんして井上光貞氏の調査報告にかんする記述を上げておこう。氏は、一九五四年から五回にわたる学術調査の結果をふまえて、「沖の島」遺蹟について次のように述べておられる。「祭祀場の跡は巨岩の陰にあった。古墳のように地中に埋もれておらず、まるで昨日そこに置き去ったように、銅鏡や金銅製品が輝いていた。沖の島への奉納品は古墳時代、とくに中期や後期の品物が多いが、調査の対象になったものだけでも、銅鏡四二面、鉄刀二四一本をはじめ装身具や馬具など、当時の大古墳の副葬品にも劣らないものが数万点も発見されている。この多数の、また優秀な奉納品は、大和政権の海外進出にともなった国家的規模の大祭祀でなければとうてい考えられるものではない。沖の島はもともとは、この地方の集団の祭祀の場所であったろうが、やがて大和政権はここの神々を国家的な規模で祭り、それに朝鮮経営の守護や軍船の安全を祈ったのであろう。……沖の島は五〜六世紀の大和朝廷の朝鮮経営を物語る貴重な遺跡である」（井上光貞氏、『日本の歴史・1』、四〇〇頁、中央公論社、一九八五年。傍線は引用者）。

この近畿地方の〝大古墳の副葬品にも劣らないもの数万点〟が地表にあるという意味は、発掘すればその下にもさらに膨大な遺物があり得るという意味であろう。問題は、この莫大な遺物の提供者は、井上光貞氏等が一致していうような「大和朝廷」ではあり得ないという一点である。先述のとおり『旧唐書』東夷伝の日本本土の二国併記、特にそこでの大和朝廷の遺唐使らの語っている「日本史」、これと見事に照応した『日本書紀』天智・天武紀の、倭国の「白村江での大敗記事」から透けて見える「日本の王朝交代記事」からも、紀元前〜七世紀前半の日本を代表した国家は、北九州・卑弥呼の王朝である。

いったい七世紀の「倭国」は、日本本土のどこまでを支配していたのか、これも『旧唐書』日本国伝に「大和朝廷の遣唐使の説明」が記載されている。これにかんしても拙著『消された日本古代史を復原する』に述べておいた。

虚偽と歪曲は、いかに権威の名によって「実証主義」を装っても、本物と取り替えることは不可能なのである。自民族の歴史の真実を自ら解明し明らかにするか、それともそれの虚偽と歪曲を、国家と学問の名で許すのかという問題は、日本の文化、知性とその民主主義のあり方にかかわる、根本的な問題ではないだろうか。

三　近代日本古代史学と国民

明治以降の日本古代史学が、一方で「文明開化」で自分たちも、ヨーロッパ的近代的学問になったかの外見を、例えば「大森貝塚の発掘」等で宣伝して、他方で「万世一系の天皇制」を憲法に書きこむなど、その本質は近世以降のヨーロッパの科学的思考とは、両立の余地などないものなのである。にもかかわらずこれが固執される由縁は、すでに先述したとおり「万世一系の天皇制」なる尊皇日本論を、国民に信じ込ませようという支配階級の根強い意図と願望があるのである。

その原理は、「子曰く、民は之に由らしむべし、之を知らしむべからず」(『論語』)、すなわち国民に真実を語り教える必要はないという、反民主的反人間的な思考である。戦前の「負けた戦闘を勝った」と報道したことで有名な、いわゆる「大本営発表である」。つまりは肝心のことを国民に語らないという性格である。これはヨーロッパの近代的民主主義的歴史学とは相いれない体質である。これこそが実に明治以降の大学的日本古代史学の、もっとも本質的な特質である。これが露呈しているのが『旧唐書』東夷伝の、「日本の王朝交代記」を国民に語らないなど、すでに幾度も指摘したいわば専門家の立場を悪用したといわれても仕方がない、「情報操作」というべき態度が大学的日本古代史学の、本質的な体質となっているところである。

しかも、この指摘は私の独断ではない。現に戦前の姿として藤間生大氏の以下の指摘がある。「神武紀元が歴史家の問題で、国民の問題にすべきではないという那珂（通世）の考えと同じような考えが、研究の不毛に影響しているにちがいない」（藤間生大氏著、『倭の五王』、一三頁、岩波新書、一九八三年、第一五刷。傍線と括弧内は引用者）。「国民の問題にすべきではない」という意味は、国民に歴史の真実を語る必要はないという意味である。

別の例では、「一九三三年度、東京帝国大学文学部国史学科新入生歓迎会において、名誉教授の三上参次がのべたという。『諸君は大学を出て、教師になったとき、大学でまなんだことをそのまま生徒に教えてはいけない。学問としての歴史学と教育としての歴史とはちがうのである。たとえば皇紀が六百年ばかりのびているということは、学問上は定説である。しかし、いままで二六〇〇年とおしえているから、それをいま、そうでないなどといってはならぬ。』」（長谷川亮一氏著、『「皇国史観」という問題』、六四頁、白澤社、二〇〇八年）といったという。おそるべき姿ではないだろうか。

さらに「（一九〇一年）……以降、歴史研究においては、天皇や『国体』の起源について論じることは公然のタブーと化し、また——久野修の比喩を援用すれば——『顕教』としての『応用史学』——歴史教育と、『密教』としての『純正史学』――歴史研究の区別が確立されることになった」（同書、六四頁。傍線は引用者）とある。学問の自由が密教に準えられる日本の近代社会の姿もさることながら、この「学問」では、国民を政府の統制の対象としか見ないのである。これは本書でも、すでに戦後の日本古代史学が古代中国正史類にかんして、肝心要のものを明らかにしていないことをなんども例証した。これは断じて偶然ではないのである。

近世尊皇思想とは、日本民族の固有の特質と称して天皇崇拝と服従を説く日本観であって、その根本思想は、天皇をかざす支配階級への絶対服従を強要する、反民主的反人間的思想なのである。近世尊皇思想である国学等の主張にそって形成された、人民統制と抑圧の理念から必然的に生れたものである。

しかも、これをアメリカ占領軍とその政府は百も承知して利用したことは明らかである。それは戦後の天皇制を「象徴天皇制」として護持・存続させるうえで、大きな役割を果たしたという戦前のアメリカの駐日大使のジョセフ・C・グルーの、次の主張にも明らかである。「日本に民主主義を接ぎ木しようとしても、混乱に終わるだけでしょう。天皇制が日本人の生活の礎石であり、最後の頼みであるかぎり、それは、われわれが日本から軍国主義を追放した暁には、健全な（政治）構造を打ち樹てるときの土台として利用できるものです」（中村政則氏著、『象徴天皇制への道』、四六頁。傍線は引用者）。

ここには明確に「天皇制は民主主義とは両立しない」という認識が示されている。つまりアメリカ占領軍とその政府は対日支配の都合上、その要として天皇制を利用したのである。これが所謂「象徴天皇制」

の本質である。

したがって象徴天皇制は安保体制と、アメリカの対日戦略という点で考慮された関係にあろう。この「象徴天皇制」は戦前の「絶対主義的天皇制」とは根本的に異なって、天皇の元首化は否定している。しかし、対日支配の具として「万世一系の天皇制は日本の伝統」なる近世尊皇思想を擁護する、という特質をもつものと考える。本来、明治以降の「絶対主義的天皇制」の批判においても、その政治体制批判に止まらず、日本史論への批判も是非必要であったが、いわゆる「文明開化」という文化状況のもとで、当時の「天皇制」批判勢力も、古代中国文明とその産物を正しく理解することができず、アメリカ占領軍がこの隙をつき尊皇論を利用する条件を、心ならずも許す結果となった考える。近代日本の知性の深刻な負の遺産と考える。

四　近代尊皇思想の反国民性

また、先述のように「万世一系の天皇制」を「日本社会の特質」として、国民に信じこませて支配的勢力に従順な国民を形成しようというに止まらず、さらには日本の進歩を開いた歴史と運動を、国賊などと否定的に評価し、これを通じて日本と世界の進歩をめざす思想と運動を、「反日本的・反国民的」として全面的に否定するという点に、近世尊皇思想以来の日本古代史学の真の本質があるのである。それが日本古代史学の客観的な役割と考える。にもかかわらずそれを理解できず、一方においてマルクス主義と史的唯物論を標榜し、他方において大学的日本古代史学の一翼に鎮座して、しかも「邪馬台国・近畿大和説」を三角縁神獣鏡や巨大「前方後円墳」などの、「考古学」的根拠にたっているが故に「科学的」というとすれば、それは客観的にはマルクス・エンゲルスの古代国家形成論や、氏族・部族社会論とその原民主主義論を否定しつつも、マルクス主義の史的唯物論を「大和朝廷唯一史観」擁護の額縁にする態度である。

問題は、近世尊皇思想、すなわち水戸史学や国学等の尊皇史学は、単に古代中国正史類の対日交流記の否定をしたに止まらず、さらに古代中国儒教の進歩的側面、すなわち「民本主義」への渾身の憎悪と否定が、その世界観の核心に横たわる点である。

例えば本居宣長と国学は、「易姓革命（中国の夏、殷、周等の多数の革命）を否定し、孟軻（孟子）の『革命』（天命論）思想も全く認めない」（岩波書店、日本思想体系・『国学運動の思想』、六六八頁、一九七一年）のである。現に本居宣長は、『孟子』をさして、「孟軻が大悪さとるべし。……この書、人の臣たらん者の見るべき書に非ず、臣たる人に不忠不義を教えるものなり。……おそるべし、おそるべし」（たまかつま）と述べ、「国民のあるべき姿」論を次のように述べている。

①「抑世中の万の事はことごとく神（ここでは天皇）の御心より出て、その御しわざなれば、よくも、あしくも人力にてたやすく止むべきにあらず。故に、あしきおば皆必ず止めよと教へるは強事也」（呵刈葭）。

②「すべて下なるものは、よくもあしくも、その時々の上の掟のままに、従い行ふぞ、即チ古の道（古

代天皇制をさす）の意には有りける」（うひ山ぶみ。傍線は引用者）。これらはほんの一例に過ぎない。

ここにある思想は、「天皇ハ神聖ニシテ侵スヘカラス」そのものであろう。

こうした考え方を唯一絶対のものとして、儒教の「人民の革命権擁護論である天命論」への敵意をむき出しにしたのであるが、その日本史的意味は、北条鎌倉幕府の古代天皇制にたいする「天命論」を高く掲げての闘い、「承久の乱」以降、足利氏の室町幕府確立までの、武家階級の古代的尊皇思想とその天皇制の克服という、日本国民の進歩のための思想と運動の意義を全面否定するためである。

武家階級の日本史における真の偉大性は、赤穂浪士の吉良邸討ち入り等にないのはもちろん、戦国時代のみにあるのではなく、その最初は後鳥羽上皇の、時の鎌倉幕府の執権・北条義時追討の院宣に、武器をとって総決起した東国武士階級の雄姿にある。いわゆる「承久の乱」と日本史が「乱」の字で語る、東国武家階級の国政変革への総決起、すなわち「承久の変革」と呼ぶべき行動である。この一二二一年（承久三）の東国武士階級の武力決起は、古代大和朝廷の支配体制を変革して、日本封建制確立への進歩的な行動である。この日本封建制確立への闘いの歴史的意義は、世界でただ一つ、古代国家を形成した国家、民族で資本主義体制を確立しえたものは日本民族だけ、という点にも輝かしく示されている。

古代ローマは、自前の封建社会はおろか滅亡した。古代中国やインド、オリエントは、人類文明創設という偉大な事業をなし遂げたが、自前の資本主義を懐胎する日本とヨーロッパ中世に該当する、封建社会を創設し得なかった。これをみても鎌倉以降の日本の初期武家階級がなし遂げた封建日本の創設は、意義あるものと考えるものである。

しかも、この変革を導いた思想と理論が儒教の「天命論」である。一二二一年の「承久の変革」に際して、大和朝廷・後鳥羽上皇の義時追討の院宣、つまり国賊の汚名の前に、さすがの東国武士階級も深刻な動揺が走ったと言われている。これを克服したものは第一に、尼将軍、北条政子の毅然とした即時京都進撃論であったという。世界に誇るべき日本女性の一典型でろう。さらには大江広元の、「君臣の運命、皆天地の掌《つかさど》るところ、……（朝廷を傾け奉ることは）……全く畏怖の限りに非ず……」として、「泰時ただ一人にても、ただちに鞭をあげられよ」（たとえ泰時ただ一人でも、すぐ京都めざして進撃を開始せよ）（『東鑑』）という断固たる態度であった。事実、この進撃はわずか一七騎で開始されたという。

この広元の言葉は、尊皇思想とは対照的である。尊皇思想では天皇や上皇は国家開闢以来の日本の主人であり、神である。その言葉は絶対である。ところが広元は公然と「天皇といい臣下といい、その関係は不動のものではなく、その関係を司るものは『天地』である。朝廷の権威などまったく恐れるに足りない」と公言しているのである。この〝君臣の運命、皆天地の掌《つかさど》るところ〟という意味は、文字通り儒教の「天命論」の、「君主たるものには、国民に誠・忠義をつくす（その産業と生活を守り、その向上を促進する）という仁と義の徳がなければ、その地位を失っても当然だ」という思想である。

現に、泰時は上皇の院宣に動揺して父の義時に、〝無条件降伏すべきだ〟と主張するのであるが、広元に激励された義時は、息子に、お前のいう事は朝廷の政治が正しい場合だけだとして、「公家の御政道古にかえて実をうしなへり。其子細は朝に勅裁有て夕に改まるに、一處に数輩の主を付せらる（賄賂をとって一つの土地に数人の所有を認めること）間、国土穏やかなる處なし。わざわひ未及處（未だ及ばざるところ）はおそらく関東計《ばかり》也。治乱は水火の戦ひに同じきなり（治と乱の間に中間の道などない）。如此《かくのごとき》の儀に及間《およぶあいだ》、所詮、天下静謐の為たるうへは、天道に任せて合戦を可致《いたすべし》」（『梅松論』、四一頁、現代思潮社、一九七五年、初版）と述べ、泰時の出陣の決意を固めさせている。

　ここでも「天道に任せて」、すなわち「天命論の道理に任せて」と述べている。この「天道にまかせて」は、「運を天にまかせて」という意味ではない。この他にこの時代、武家が掲げた「天命論」の思想が時代を切り開く思想であったことは、『太平記』やまた中世尊皇思想家の雄である北畠親房の有名な『神皇正統記』に明確に記されている。こうした日本社会の進歩を促進した思想と、その武家階級の闘いを、しかし、近世尊皇思想は国賊の思想と姿と称して罵声をあびせたばかりではなく、天皇制批判を展開した人々も、この東国武家階級の偉大な思想と闘いを、日本民族の進歩の歴史と思想とは評価していないと考える。この問題にかんしては、さらに第八章の古代中国儒教の考察で立ち返る。

　しかし、次の点を指摘しておきたい。それはマルクスのローマ帝国末期の初期キリスト教徒による、暴力と破壊、虐殺問題への評価である。それは初期キリスト教徒が異端と称して、中国の「文化大革命の暴挙」に似て、古代ギリシャ・ローマの古代的民主主義的文明の遺産の大規模な徹底的破壊と殺人、および古代ヨーロッパとオリエントの知性の一大集積所であったアレクサンドリア図書館を、徹底的に破壊し収奪した問題（エドワード・ギボン著、『ローマ帝国衰亡史』、全一〇冊等）への評価である。

マルクスは有名な『フランスにおける内乱』で、この古代末期のキリスト教徒の暴挙と破壊を厳しく批判しつつも、なおこの野蛮な暴虐をさえも歴史の大局に立てば、古代社会からヨーロッパ中世社会への変化という、進歩の流れの中の一コマとしている。またよく知られる通り、今日の中国の見解では、秦の始皇帝の文化破壊は指摘しつつも、史上はじめて多くの都市国家群を統一国家にまとめた業績は高く評価している。にもかかわらず日本では、古代国家をもつ社会でただ一つ、それを封建社会に変革し、その際「人民の革命権」という「天命論」をかかげ、かつ中国（秦の始皇帝の「焚書坑儒」）やヨーロッパのような、それぞれの古代文明に取り返しのつかない破壊をもたらす愚行など一切ない、日本武士階級の壮挙を評価しないのである。より正確には尊皇思想への批判の欠如と、アジア古代文化ダメ論のために評価の前提を欠くのである。この点でも世界の異端であろう。

では戦後になってこうした傾向は克服されたのであろうか、を問えば事実は全く逆である。それは以下の津田左右吉氏の言葉を見れば明らかであろう。氏は本居宣長と国学の「反儒教」、すなわち『孟子』と「天命論」への否定を高く評価して、「かういふ態度のとり得られたところに、実に日本の政治形態の根本と儒教の革命論との本質的の違ひが示されているといふことである」（津田左右吉氏著、『シナ思想と日本』、九二頁、岩波書店、一九三八年、第一刷）としているところにも、恥じらいもなく示されている。

さらには、「……シナ思想そのものが深い思索から出たものでなく、シナ語シナ文が思索には適しないものであるといふことが、注意せられねばならぬ。シナ語シナ文によって表現せられてゐるシナ思想そのものが、人の思索を導きその力を養ひ得ない性質のものなのである」(『シナ思想と日本』、三九頁)とある。ここの「シナ思想」とは儒教と「天命論」である。

津田氏らは、儒教や天命論がまさに日本において果たした、進歩的側面は全く評価せず、「人を導き得ない」というのである。これは祖先の偉業を軽視する傲慢不遜の標本のような態度ではあるまいか。そうして止まるところを知らず、遂には、「或る人が来て、『君は支那が嫌ひだといふのに支那のことをやってゐる、可笑しいじゃないか』といふ。そこで僕が説明してやった。糞や小便をうまそうだともよい香だとも思ってゐるものは無いが、それでも毎日それを試験管のなかに入れたり、顕微鏡でのぞいてゐる学者がある……」(『津田左右吉の思想史的研究』、家永三郎氏著、二一六頁、岩波書店、一九七二年、第一刷)とか、「支那の赤化とか共産主義とかをまじめに受け取るのは、仁義の政治をまじめに考へるのと同じである。労働党や社会主義者の支那観は、かびの生えた漢学者の支那観と同程度のものである」(同書、二一五頁)とまでいう始末である。

この津田氏が本質的に本居宣長らと変わらない、近代尊皇思想の持ち主である事実は意味深長である。「我が国民が万世一系の皇室を奉戴してゐるという美しい事実は、別に微妙な歴史的由来がある……」(『文学に現はれたる我が国民思想の研究・六』、「平民文学の時代・上」、三三二頁、岩波書店、一九七八年、第二刷。この書物は一九一六(大正五年、東京洛陽堂から初版として出版、傍線は引用者)とか、「……

幕末のような場合に逢着すれば、皇室を中心として新しい国民的統一を成就しようとするのは、我が国民に於いて自然のことである。……長い間の歴史が涵養した目前の事実が生み出す、生きた国民感情に基づくものだからである」（同書、三二五頁、傍線は引用者）などと述べて、近世尊皇日本論を「目前の事実」に仕立て上げている。それにたって戦前に、「絶対主義的天皇制の廃止」をその政綱にかかげた日本共産党、その先輩の自由民権運動をも含めて、「……かういふ情勢の下に於いて、特殊の思想傾向をもっている一部の人々は、その思想の一つの展開として、いわゆる天皇制を論じて、その廃止を主張するものがその間に生じるようになったのであるが、これには、神秘的な国体論に対する知性の反抗もてつだってゐたようである。……このような天皇制廃止論の主張には、その根拠にも、その立論のみちすぢにも、幾多の肯ひがたきところがある……」（『世界』、「建国の事情と万世一系の思想」、五一頁。傍線は引用者）。

これが「万世一系の天皇制は日本の伝統」の必然的な帰結である。「万世一系の天皇制は日本の伝統」なる日本史の意味するものは、実のところ真の日本史、日本民族の古代史を天皇家ただ一家の地位保全のために改竄・歪曲した『古事記』『日本書紀』を、日本民族の特別の伝統と称することで、日本の武家の偉大な闘いを含めて、国民の社会の改善・変革の意思と行動を、日本民族の伝統に反する悪と決めつける、中世キリスト教と同等の暗黒の思想である。これこそは近代日本の支配階級の、近代世界に例を見ない独善的で反理性的、反人間的な社会観である。

にもかかわらず古代中国文化や思想を遅れた文化と決めつけて、さらには武家階級を歴史的弁証法的に考察するのではなく、封建勢力論一色でぬりつぶした「文明開化」気分と思想は、そこに保守と進歩派の立場の違いはあるが、共に初期武家階級の古代天皇制の克服とその思想と文化を評価しなかった。こうした民族の偉大な業績も思想文化をも、正当に評価し得ない国民が、いったい問題なく自国の運命を切り開きうるものであろうか。自分の祖先の偉業を評価し得ない者、その偉大な経験に学び、それを今日にひき継ぐという謙虚さが無いものが、明日の日本を的確に開き得るであろうか。こうしてここにも近世尊皇史学にたつ、大学的日本古代史学の深刻な問題点が示されていると考えるものである。真の愛国心とはなにかという問題である。

第七章　都市国家の必然性と日本古代史学

一 氏族・部族社会の原始都市とその普遍性

先に世界共通の都市国家群が大学的日本史学には、まったく存在しない事実を述べてその異常性を指摘した。この章では人類の最初の国家群が都市国家としてしか誕生・形成しえないことを、世界の古代国家誕生史の研究を踏まえて述べることとする。それはあたかも人間は人種の如何をとわず、赤ん坊として母親の胎内から生れるが如しなのである。

戦後の日本古代史学は「皇国史観の批判＝神話的日本史論」批判をおこない、「国のはじめ」として「樂浪海中、倭人あり。分かれて百余国……」という例の『漢書』地理志の一節を、紀元前約一世紀ごろの「日本」（鍵カッコの日本は今の日本と同義）と称し、また「日本」にも他国同様に農業誕生の弥生時代、さらには石器時代、旧石器時代もあったといいはじめた。

一見、一歩前進に見える。そうしてその後は、日本本土の旧石器時代の探求、新石器時代、また縄文時代とそれの土器群、弥生時代と稲作の開始等を登呂遺跡等で説明して、さらには青銅器、鉄器の生産・普及を云々して、日本本土の歴史も人類史の流れのなかに位置づいているかに、言っていることは周知のことである。

がしかし日本古代史学では、縄文時代、弥生時代を云々しても氏族社会・部族社会とはどんな社会か、という肝心要のことは、まったく語られないのである。旧石器、新石器の道具の研究も当然重要である。また、縄文農業も稲の渡来も水田稲作の展開も、極めて重要な研究課題である。これに関しては拙著『消された日本古代史を復原する』でも、大学的日本古代史学への批判的探求を行った。しかし、こうした生産用具、生産様式や特徴を探求することは、その用具を使用していた人間とその社会を知る、復原することであって、それには世界の国家・文明成立以前の、氏族社会・部族社会の普遍的な姿を知ることが一つの前提となるのである。ところがこの肝心要の問題が、日本古代史学ではまったく語られないのである。

現に先述の通りに、弥生時代の集落遺蹟の研究の視点が、「最終的に『ヤマト政権』に収斂してゆく過程の解明……」とされている点は指摘した。したがって日本古代史学では驚くなかれ、新石器時代〜縄文文化〜弥生時代の研究が、都市国家群の探求を素通りして「大和朝廷」の誕生に直線的に収斂するのである。「大和朝廷」とはいうまでもなく「統一王朝」とされている。したがった日本本土以外の世界の古代史が、都市国家群時代を中心とするにもかかわらず、日本古代史学だけが日本の国家誕生問題を、「大和朝廷の初期」の探求だけに集中して、その他の弥生集落は特別の個性も意義もあたえられず、ただ「大和朝廷」に収斂する単なる素材であるかに扱われるだけである。

「三つ子の魂、百まで」というが勤労国民無視が、原始時代から始まるわけである。しかも、戦後といえども「建国記念日」が戦前の「紀元節」、すなわち「神武天皇の橿原宮での即位の日」を継承して定められている。歴史家にはこれに反対する人もいるとは言うが、しかし、「弥生時代のヤマト政権への収斂」

論への批判も、また、都市国家群の不存在論への批判もない。あるのは「神武」は実在したかとか、その「即位年」が「紀年上、あり得ない」といった水準の、「大和朝廷一元史観」線上のいわば「量的批判」である。都市国家群の形成こそが前提だという、いわば国民の出番はない点では変りはないのである。

しかも重要なことは、この反歴史的な古代国家形成論の一翼に、マルクス主義者を自認する石母田正氏等がつらなっていることである。石母田氏はエンゲルスの『家族・私有財産・国家の起源』（エンゲルスの初版一八八四年。本書は、土屋保男氏訳、新日本出版社、一九九〇年、初版）の国家にかんする五つの指標を不正確にならべた後に、「以上の国家の諸特徴は――国家は以上の諸特徴の一つでも欠いてはならないという意味ではなく（?）、また歴史的に存在した前近代の国家が、以上のすべての諸特徴をつねに同時にそなえていたわけでない――一挙にではなく、未開の末期から文明の段階の初期、西暦七世紀初頭の推古朝におよぶ、いくつかの段階を経て一歩一歩実現される（?）」（岩波講座、『日本歴史・1』、「古代史概説」、一〇頁。一九六七年、傍線、括弧は引用者）というのである。

この石母田氏の主張の問題点はどこにあるのか、と言えば、次の点である。エンゲルスは先の著書で氏族・部族社会から如何に都市国家アテネが誕生したかを述べ、その上にたって国家とは何かを当然ながら、氏族・部族社会と対比して明らかにしているのである。ところで「西暦七世紀初頭の推古朝」は都市国家であるか、これが問題点なのである。つまり石母田氏はマルクス主義の古代国家誕生・形成論――氏族・部族社会からの都市国家の形成――に同意するかの装いのもとで、日本の例の志賀島出土の金印で有名な「委奴国」等を、「まだ国家ではない」と称して、つまり北九州の国家形成上の先進性を抹殺（『消された日本古代史を復原する』参照）しつつ、「統一国家」なる「大和朝廷」を日本における最初の国家というのである。

その際、興味深いのは、氏の古代国家誕生・形成論では、古代中国正史類への無視が一個の基本をなしているという点である。氏によれば、「初期ヤマト王権の形成過程は、記紀の説話的記事以外に史料がなく（!?＝引用者）、朝鮮出兵の最小限の前提である吉備、北九州にたいする支配圏を獲得するにいたった過程、またその段階の国家の性格等は、不分明の霧に覆われている……」（岩波講座『日本歴史・1』、一八頁）というのである。氏はこの後で例の三角縁神獣鏡等を持ちだして、「ヤマト朝廷の発展」を「考古学的に云々している。

が、さて「記紀の説話的記事以外に史料がない」、と断言されているのである。すべての学問・芸術・科学、また政治の探求では、事実にたって形成された「科学的理論」が不可欠である。人間の意味ある実践は、それが学問であれ産業であれまた芸術であれ、政治であれ、正しい考え方に導かれた場合でなければ成功はない。この理論は歴史学の場合には「史観」をかたちづくる。では史観は何によって形成されるのか。第一に文献によって、次にそれの考古学的実証によってであろう。最近は先史考古学という学問がある。文献のない文字による記録のない時代の、人間の生産や社会の姿を探求しようという学問である。しかし、これは文字、文献がない故の一つの方法であって、文字の記録がある場合、これが第一級の史観形成の要素であろう。

それは例えば古代エジプト、オリエント史学発展上での象形文字の解読の意義をみれば明であろう。また古代インダス文明の探究が直面している困難に、その古代的文字が解読されていないことが上げられている点とも対照できるであろう。文字、文献がある場合、どの史料が正しく、どれが不正確かは最大の問題になる。さらには理論と歴史学の関係を考える場合、一つは生物進化論が、また他方には史的唯物論がある。もしダーウインの進化論とうい理論がなければ、恐竜の発見も位置づけられなかったであろうし、人類には国家がない長期の時代があったという発見と、そこからの国家形成がいかに行なわれたかという問題でも、現実に照応した史的唯物論の役割は決定的である。にもかかわらず、また自身でマルクス主義にたつと広言しつつ、先ず初めに古代中国正史類の対日交流記を抹殺するという石母田氏の態度は、氏が「漢意を清くすすぎさる」ことを絶対的前提とした本居宣長と、津田左右吉の直系の弟子であることを自ら示すものであると考える。

氏等のこの態度を問えば、第一に近代日本古代史学が尊皇論を国是とするの他に、日本のマルクス主義をいう学者も古代中国文化とそれが生み出した歴史の記録を、「入欧脱亜」的「文明開化」気分から著しく軽視するという、近代日本の「開明的」意識に根ざす結果であろう。したがって漢籍『大学』(本来、『礼記』の一部)の一節に、「心焉《ここ》に在らざれば、視れども見えず、聴けども聞こえず、食らえどもその味を知らず」とあるように、近世尊皇史観に疑いをもたない結果、マルクス・エンゲルスの氏族・部族社会論と、古代国家形成論にかかわる研究とその意味が、日本古代史とその「学」においては、まったく「見えない」結果になったと考えるものである。そのために国家と都城という国家誕生の根本問題が、重要問題だという認識さえ生れないのである。ここに軽々と三角縁神獣鏡や「前方後円墳」を、唯一の物証と信じ込む迷いの根元があると考える。

日本のマルクス主義の史的唯物論への関心は生産力と生産関係の発展と、そこでの階級闘争論に集中されるようである。それはそれで誠に結構なことで当然である。しかし、日本の場合、それの探求が「万世一系の天皇制は日本の伝統」論に疑いをもたず、否、その「唯一史観」的「日本史」、すなわち「尊皇思想」の掌の上で展開され、さらには古代中国文明、その産物である儒教等が果たした日本史的な役割は、石母田正氏式に最初から構成要件から排除されている。

その意味では、ヨーロッパの古代以来の叡知、および欧米の各民族の国境にとらわれず、その意義ある知的成果を精査して結集したマルクス・エンゲルスの態度とは、非常に異なるものと私は考える。「入欧脱亜」式「文明開化」という由縁である。つまり江戸時代以前の日本と古代以来の中国文明などは、マルクス主義を構成しうる人類の叡知には入らないと考えられているらしいからである。

二　血縁的原始集落の形成の必然性

さて、国家の形成・誕生にかかわる氏族社会の段階とは牧畜と農耕、日本本土では水田稲作農業の一定の普及（牛馬の使役）が前提となる。つまり氏族が牧畜をふくむ農耕生活の時代をむかえ定住生活に入ることが、国家形成の前提条件であるということである。これはあれこれの民族が国家を発展させた後に、遊牧民族が例えば中国に侵入して、王朝を建てる過程とはことなるのである。この場合は遊牧民族が力で農耕民族の形成した国家を乗っ取り模倣することであって、人類の国家の形成・誕生とは異なる問題である。

氏族社会の特質には同じ氏族内での婚姻の禁止がある。したがって氏族が定住生活にはいるという意味は、他の婚姻可能な氏族の定住を前提とすることになる。ところが氏族時代の人間の世界的に共通の特質に、言語、方言を異にする人間を自己の定住生活圏には受け入れず、戦争捕虜は皆殺しが原則（養子縁組の制度をもつ氏族もいたが、それが採用されなければ殺されたという）という性格がある。これこそがアステカ、マヤやインカのミイラや生贄、または古代中国の殷の墳墓に葬られた夥しい人骨の意味であろう。

また、殺さず酷使できる生産力を獲得した段階では、古代ギリシャ・ローマのような過酷な奴隷制度を生みだすと言われている。水田稲作地域では氏族集団丸ごと賤民化（インド）される例も報告されている。ローマ等の奴隷制は鎖に繋がれ鞭打たれ売買されるなど、極めて非人間的ではある。がしかし、反面、解放されるとか、国王の行政に関わる個人的奴隷のなかには、機会に恵まれると支配者に転化する場合があるようである。これに反して賤民は鎖につながれず、鞭うたれず売買されないが幾世代にわたっても賤民とされるという。日本では「倭国」に「生口」「奴婢」が存在していたと「魏志」倭人伝は記している。

したがって一の氏族の婚姻可能な対象氏族は、共通言語を使うものに限られるが、氏族社会時代では共通言語の意味は、「血を同じくする者」、すなわち遙かなる共通の祖先から出た「われわれ」という意味をもつという。ここから定住氏族社会では、日本本土を除いて、中国、インド、ヨーロッパ、南北アメリカ大陸に共通に、「四血縁集団、四地区制」と呼べる血縁的定住形式の原始的集落が形成されているのである。この集落の基本形態を最初に明らかにしたのは、ルイス・ヘンリー・モーガンのアメリカ・インディアンの社会組織と生活の具体的な研究にもとづいて執筆された、『古代社会』（一八七七年、公刊）および『アメリカ先住民のすまい』（一八八一年、公刊）である。

メキシコのテノチティトラン（現メキシコ市）のアステカについて、「四つの地区は、四つの親族集団が集団ごとにそれぞれ特定の地域に住みつくことで形づくられてきた。（同時にこの四大地区は、それぞれ四つの軍団を形成）また各親族集団は、『それぞれの地区内におもいおもいに建物をたてていたようだ』と証言している。この親族関係をあらわすナワトル語はカルプリである。その言語をはなすすべての部族で使われていた」（『アメリカ先住民のすまい』、一五六頁）とされているのが最初である。

エンゲルスは『家族、私有財産、国家の起源』で、モーガンの「四血縁集団、四地区制の定住集落」の指摘を、氏族社会での定住生活の普遍的なものと認めて次のように述べている。「……氏族内部の通婚が禁止されていたので、どの部族も、自立的に存在していけるためには、どうしても二つの氏族をふくんでいなければならなかったからである。部族の人員がふえるにつれて、各氏族はさらに二つまたはそれ以上の氏族に分裂し、そのおのおのがいまや別個の氏族として現れた……」（『家族・私有財産・国家の起源』、一四四頁)。

さらに「征服当時トラスカラ(一六世紀初頭のスペイン人のトラスカラ――チノチティトラン――メキシコ市征服)の四地区に住んでいた四つのライニッジ(血縁団体)が、四つの胞族であったとすれば――このことはほとんど確実なことだが――これでもって、胞族がギリシャ人の胞族やドイツ人(民族大移動期のゲルマン人)の類似の血縁団体と同じく、軍事的な単位ともみなされていたことが証明されることになる。この四つの血縁体は、各自それぞれ別個の部隊として、独自の制服と軍旗とをもって、各自の指揮官にひきいられて戦闘におもむいた」(同書、一四六頁。傍線は引用者)。

だがはそれに止まらず最近、「四血族集団・四地区制」にかんして新たな主張があらわれた。それはモーガンが約一〇〇年前に指摘していた氏族社会の定住集落形成の普遍的な血縁構造を、マリア・ロストウォロフスキ女史があらためて再発見をしたのである。女史の『インカ国家の形成と崩壊』(増田義郎氏訳、東洋書林、二〇〇三年)と訳されている原著書の表題は、「Historia dei Tahuantinsuyu」(ヒストリア・デ・タワンティンスーユ=四地区制の歴史)である。

その著書の「おことわり」でタワンティンスーユというインカの言葉(ケチュア語)を、「これは〝ひとつに統合された四つの地方〟を意味しており、統合への意図ないし衝動をおそらくは無意識裡に表している」(同書、XV)とされている。

さて、次が戦後の中国での考古学的研究である。それによると紀元前約四五〇〇年、いまから約六五〇〇年前の新石器時代に属する、仰韶文化期の環濠集落である姜塞《きょうさい》遺跡で、まさにモーガン、マルクス・エンゲルスが指摘していた「四血縁集団・四地区制」が、存在したことがあらためて明らかにされた。それは氏族社会の婚姻制度に内在する普遍的性格の定住集落、その大集落が確認されたわけである。

先の姜塞遺跡では、調査の結果、この集落形成の「前期には環濠は存在せず……二つの単位集団から集落が構成されていたのではないかと想定したい。これは、先の裴李崗文化段階における単位集団の増大による二分化現象がそのまま継続した形のように見てとれるのである。すなわち人類学で半族と呼ばれる、社会内で何らかの機能をもつ二つの集団に分かれた状態ではないだろうか。同集団内での婚姻が禁止される外婚規制のようなものが働き、二集団間での婚姻関係により社会が維持されているように復原できるのである。……

姜塞遺跡中期になると、一集団がさらに半族として分かれていくことにより、結局四つの集団が出現していくことになる。……民族例では四集団によって外婚規制による安定した双分制が存在することが示されているところをみれば、この四集団が基礎単位となり、安定した双分制による平等的な部族社会が構成されたと考えるべきだろう」（宮本一夫氏著、『中国の歴史①、神話から歴史へ』、一二〇頁。講談社、二〇〇五年、傍線は引用者）という指摘がそれである。すでにモーガンによって指摘されていた「四血縁集団・四地区制」が、環濠を伴う姜塞遺跡で発見・指摘されている。こうして日本本土を除く新旧大陸で、この「四血縁集団・四地区制」という氏族・部族的居住形態は、普遍的にその存在が確認されているのである。

さらには、これと同じものと推測されるものをインド史では、「擬制的血族集団の定住形式」（佐藤圭四郎氏著、『インド史』――「世界の歴史6」、三六二頁、河出書房新社、一九八九年）とされている。最後にエンゲルスは、この血縁的居住形式が一九世紀の三〇年代にも、アイルランドの農村に色濃く残っている事実を地方名をあげて指摘している（『家族・私有財産・国家の起源』、二一八頁）。

三 「戦争の私的自由」と部族連合体の形成

この「四血縁集団・四地区制」的定住集落は、その人口を拡大して地区数が増大しても、アステカや古代ギリシャや「民族大移動期」の原始ゲルマン人の間では、当初の四地区がそれぞれ「大軍団」を形成し、同一の軍旗や標識を保持していたことが指摘されている点は先述した。

定住生活に入った氏族社会とは戦争の時代である。特に定住生活にはいると相異なる部族間や利害が対立する氏族間で、戦争は大小をいれれば断えなかったのである。なによりも氏族社会では「戦争の私的自由」が原則であったことが、インディアンと原始ゲルマン人を例として、モーガンやエンゲルスによって指摘されている。いわゆる西部劇でインディアンが、日本人の盆踊りのように輪になって出陣の踊りをおどる姿がある。あれは戦争をしたくなった個人が勝手に突然踊りだすと、同調する者等が輪にはいって踊り、気分が最高に達すると出撃になるという。この戦争には酋長の許可もなにもいらなかったという。

エンゲルスはモーガンのこの指摘を肯定して、民族移動期のゲルマン人もまた全く同様であって、これこそがローマ帝国を滅亡させた後のゲルマン人の諸王と貴族発祥の根元であることを指摘（『家族・私有財産・国家の起源』、一三八頁）している。中国では鼓舞が有名で出陣の踊りであって、これが日本では「勇気を鼓舞する」と言われている由縁のものという。これと類似すると考えられる記載が「神武の東征」記事にあることは、拙著、『消された日本古代史を復原する』に記しておいた。

したがって如何なる氏族も、常に防衛に努め見張りを怠らず、いつでも応戦できる体制が生活の前提となる。こうした事情から一の部族のみならず幾つかの親類部族が部族連合体を形成して、共通の会議場や神社（オリエントとヨーロッパでは神殿）、中国では宗廟・社稷を構え、これを防衛するために柵や濠を堀るなどの原始集落が多数生れることになるのである。

これこそが都市国家の母体であって、まさに都城は部族社会から国家誕生への臍の緒という由縁なのである。国家とはここを中心に生れるものであるから、都城と呼ばれるものがなく「王家」が裸で奈良県内のあちこち、奈良と大阪の間を何度も行ったり来たりなどという姿は、王朝、国家の姿としては断じてないのである。「古代が都市およびその小領域から出発したとすれば、中世は農村から出発した」という、マルクス・エンゲルス共著の『ドイツ・イデオロギー』（古在由重氏訳、一二九頁、岩波文庫、一九六一年）での指摘は、解明されている古代国家形成論と見事に一致しているのである。

この意味は卑弥呼の国家すなわち後漢や魏王朝から、大国に送られる「金印」を授与されているほどの王朝の都城は、今日でもわれわれの目に、強大な防衛線を張りめぐらしていた遺蹟がまざまざと見えるほどのものだ、という事である。この規模が北九州に遠く及ばないのが近畿地方である。ここに集落面積の規模に関する、大学的日本古代史学で著名な考古学者の比較表を参考のために掲げておこう。

もっとも、大学的日本古代史学では例え著名な教授が掲げても、それはそれだけのことで、その意味はその教授らを含めて、誰によっても正しくは語られないという、日本古代史学に固有の普遍性は貫徹されるのであるが……。

（単位平方メートル）

福岡県	板付遺跡	六〇〇、〇〇	大阪	池上遺跡	一一〇、〇〇〇
	三雲遺跡	六〇〇、〇〇〇		東山遺跡	五、〇〇〇
	須玖遺跡	一、〇〇〇、〇〇〇		安満遺跡	八、〇〇〇
	横隈山遺跡	四、五〇〇	奈良	唐古・鍵	二五〇、〇〇〇
佐賀県	千塔山遺跡	四、一〇〇			
	中郭遺跡	五〇、〇〇〇			
計		二、〇一九、六〇〇			三七三、〇〇〇

この表は弥生時代の「周溝集落面積」の比較表（『古代を考える・稲・金属・戦争』、佐原真氏編、一五三頁、吉川弘文館、二〇〇二年、第一刷）から、近畿地

方はすべて、北九州は小さいものははぶいて、北九州と近畿地方を比較したものである。

四　都市国家の規模と日本

その都市国家の規模は、ヨーロッパ古代の花形都市国家のアテネで、その市民の数は最盛期で僅かに約九〇〇〇〇人に過ぎず、これに奴隷等をいれても約「五〇万都市」（『家族・私有財産・国家の起源』、一九二頁）という。氏族社会論を初めて展開したR・H・モーガンによれば、南北インディアンの部族連合体の最大人口規模は約二万人である。また、『聖書』にも「エルク」という名で登場するという、メソポタミアの紀元前約四〇〇〇年代の「ウルク」は完全発掘が行なわれて、その総面積が約二五〇㌶で可住面積が約二三〇㌶、総人口数は最大で四六〇〇〇人と推定されている（『世界の歴史』、「人類の起原とオリエント」、一四七頁、中央公論社、一九九八年、初版）。

　ここからアテネに準じて市民の数を推算すれば、約八三〇〇人でそのうち成年男子は、たかだか二〇〇〇人強程度と思われるのである。日本について言えば「百余国」等の規模は、平均的にはこれよりも小さい「国」が単位と思われるのである。

　なおここでふれておけば、戦後、日本古代史学は「神国日本論」を批判すると称して、先述のとおり『漢書』地理志の「倭人……百余国……」を紀元前一世紀ごろとしていたが、実際にはこの言葉は孔子の「倭人論」との関係で語られ、また『漢書』の編者班固の父親に私事した王充の有名な『論衡』には、「倭人入朝」が周の時代、すなわち日本本土に水田稲作が持ち込まれた紀元前約一〇〇〇年前（国立歴史民俗博物館、二〇〇三年の北九州等の水田稲作開始への理化学的年代測定値と一致）とされている。これが正しい記録と考えられる。その参考となる例を以下に述べる。中国の例でみれば夏・殷・周時代が都市国家時代であり、夏の成立（紀元前二〇五〇年）から周の成立（紀元前一〇二四年）まで約一〇〇〇年間、さらには秦の中国統一（前二二一年）まで、夏の成立から約一八〇〇年を要している。この「日本史」に該当する期間を費やして、新石器以来の約二百数十の部族的都市国家群から、『史記』をかざる多くの中規模国家的勢力の抗争をへて、秦の統一が行なわれている。これは周知のことである。

「倭人」が周に交流していたならば、この時代の一〇〇余国から、大和朝廷の日本統一が実際には一〇世紀以降であるから、やはりその間、約二〇〇〇年であって古代国家群の最初が部族的都市国家であり、これからゆるやかに進む世界の古代統一国家誕生までの年月と、ほぼ整合性が保たれると考えられるのである。したがって百余国の人口規模はこの時代、ささやかなものとおもわれるのである。

インドもまた、先述のとおりである。古代メソポタミアの初期の国家が都市国家群であることは、エリドウ、ウル、ウルク、ラルサ、イシン、ウンマやニープル、またキシュ、マリ等の名を上げれば十分であろう。古代ヨーロッパ史のギリシャ・ローマ時代の、多数の都市国家等については繰り返す必要もないであろう。ところが日本本土の「古代史」には、先述の通り沖縄をふくむ世界の古代史が共通してもつ、これらの部族的集落、都市国家群がまったくない。この姿は、世界の古代史が都市国家時代を中心としているという普遍性にたいして、極端に異端的であることは指摘した。

五　氏族・部族社会の政治の姿

部族社会の基礎は氏族であって、古くは母系制であるが農耕・牧畜が生活の中心におかれるに従って、男性中心の父系制に変化したといわれる。一氏族は数十人から数百人の場合がる。これが先述の通りに婚姻制度と防衛のために幾つか集まって部族を形成し、さらに防衛上、または狭くなった領域の拡大のために、血縁を同じくした複数の部族が部族連合体を形成する。

この社会の「政治」は、あくまで一の氏族が単位であって、成人（一〇代後半）に達した成年男女を含む氏族員は、全員出席のもとで世襲酋長（一の氏族に一人）と一世代酋長複数の選出と罷免を行い、戦争と平和問題、殺人等への復讐か弁償による解決か等の裁判、成人式、出産した赤ん坊の紹介や命名、その他、氏族の全員に関わる諸問題を、全員一致制にたって票決し、解決したという。

ここでは世襲酋長は一の氏族を代表するとはいえ特権はなく、一世代酋長はその能力の特質によって、部族会議での雄弁、その他の仕事での有能さで推薦・選出されるが、世襲酋長も一世代酋長も失策、不名誉、不適切と氏族員に判断されると、遠慮なく罷免されたという。これらの酋長の仕事は氏族員の安全、老人、孤児や戦争で不具となった人々の世話を、氏族員とともにするなどであったという。

部族はその土地、国家が誕生したあとでは国土（都市が中心）と呼ばれる領域の保全と、必要な場合にはその領域の拡大が仕事であって、部族会議は各氏族の世襲酋長と一世代酋長によって構成された。その会議は氏族員の監視のもとで、要望と必要に応じて氏族員の発言の自由は保障された、という。ただし採決は構成酋長によって行われ、議決は全員一致制であって多数決制は存在しなかったという。したがって複数の氏族のなかで少数の氏族が他の多数派の氏族と意見を異にした場合、今日の国際会議での拒否権と同様の権利をもっていたと言われる。

部族連合体もまた基本的には似た制度であって、この連合体の仕事は連合体を構成する全部族の安全の確保が仕事であったという。これは各部族を構成する各氏族の世襲酋長と、一世代酋長によって構成され、会議は公開され部族の代表者の発言は保障されるが、議決権は部族会議と同じに部族連合体の酋長会議にあったという。また必要に応じて大酋長の他に軍事酋長が同等の権利・義務のもとに二人選出される場合があったという。

以上が氏族・部族社会のいわゆる政治と今日呼ばれるものの姿であるが、最大の特質は酋長や軍事酋長の一人に権限を集中させないこと、氏族、部族、部族連合体に上下関係がなく、それぞれの組織がそれぞれに固有の仕事を自治的に行う、血縁に基づく自治的共同体、その社会制度は「原」民主主義とでもいうべきもので、日本では「原始共産主義」と呼ばれている社会である。

六　原始都市の土地制度と公的経費

「四血縁集団・四地区制」を形成する段階の部族のなかの氏族は、その区分された地区に別れて建物をたて、その周辺の土地の所有権をもち、土地を家族の構成数等に応じて均等に配分し、各家族はその土地を占有使用した。その占有使用権には相続権もあったという。この占有使用権は、しかし売買権をもたず土地の最終所有権は、あくまで氏族にあったという。部族には土地の所有権はなかった（『すまい』、一五六頁）。

次に重要な点は、氏族の構成員に家族の数等に応じて平等に分配される土地は、世襲酋長や一世代酋長や軍事酋長等とその家族にも当然、配分された。しかし、これらの家族は役職上、その土地を利用できない状況が、普遍的に生じたと言われている。それは、当初はときたましか開かれなかった部族会議、さらには部族連合体の会議も、社会の生産力が発展して各部族の勢力拡大にともない、以前に比較して抗争等が激化する傾向が増大して世襲酋長等の業務がふえ、ついには部族の会議場（アステカの場合、テクパンと呼ばれた）に、酋長等は日参するようになったという。その結果として、世襲酋長や軍事酋長はその任にある間は、この会議場に併設された特別の家に、家族と共に移り住むようになったという（『すまい』、一六八頁）。同時に、アステカではその公職を解かれた者は、ただちにその住居等を明け渡すことが守られていたという。あたかも日本の首相官邸のようにである。

こうして選出されている期間、特に時代がさがれば下がるほど公務に追われて、自分とその家族が氏族から分配された土地を、耕作できないという状況も生じたという。その場合、同じ氏族の他の家族が、その土地を地代をはらって耕作することができたという。これを中南米に最初に侵入したスペイン人は、ヨーロッパの当時の封建的小作農と勘違いして、アステカ等の社会を理解したと言われている。つまり曲解である。モーガンはこの小作制度を単なる「自発的契約による借地人」と述べて、ヨーロッパの古代的封建的な小作農とは区別している（『すまい』、一七一頁）。

さらには「四血縁集団・四地区」という部族の集落・原始都市では、時代が下がるほどに人口が増加して、一方では「四血縁集団」内の氏族は分裂して、新たに生れた氏族が従前の土地を分割して、その所有権を継承した。こうした拡大の結果、従来の部族の会議場も手狭なものとなり一層の拡充が必要になり、また、さらには神殿や社の新たな拡大・整備等も必要となったであろう。こうして各氏族のそれぞれの家庭の労働の他に、各氏族、部族および部族連合体共通の費用の捻出が必要になる。今日の税金に当たる。

これには先ずテクパン等に固有の土地があり、ここの耕作等はテクパンに移住してきた酋長等の家族が行い、その産物はこの建物の維持・管理等にも当てられたという。したがってこれらの人は、本来の氏族からの割り当て地の耕作を、「契約小作人」に依頼し、その契約料を支払った後の作物を手に入れることはできたことになる。この他に部族等の共有の土地への輪番制などの、平等な労働の分担制がとられていた（『すまい』、一六五頁）。この制度は後述するが古代中国でも春秋時代も残存していたことが『孟子』や、『春秋左氏伝』の記載に見える。おそらくは部族時代の人類の普遍性ある体制的な習性と思われる。

なおこの「テクパン」に該当する建物の遺構が中国でも発掘されている。甘粛省安直県の約五〇〇〇年前の「太地湾遺蹟」のものは、総面積約四二〇㎡、主室・左右の側室、後室、門前の付属建物の四つの部分からなり、その主室は一三〇㎡で「氏族ないしは部族が連盟して、公的活動を行う場所と考えられる」（費孝通氏編、『中華民族の多元的一体構造』、一九二頁、西沢治彦氏他訳、風響社、二〇〇八年。傍線は引用者）という。

以上であるが、世界の氏族・部族社会の姿からは、最初の国家群はこの原始的な部族連合体の防衛対策を施した原始都市を核として誕生するという世界の歴史科学の研究と、日本本土の大学的日本古代史学の「古代国家――大和朝廷論」を比較して、どちらが真実と思われるであろうか。しかも、いま流行の纏向遺蹟には環濠等の防衛施設がないのである。これと厳重に防衛されている北九州の都市国家の一つである吉野ヶ里遺蹟と、どちらが原始都市国家誕生の地か、多くを語る必要もないであろう。

七　氏族社会の人間像

氏族社会では、「すべての成年男女の氏族員が、提出された一切の問題に対して発言権をもっていたから、民主的な一会議であった。それは世襲酋長と（普通）酋長とを選出罷免し、信仰の番人を選出し、同族の殺害者を赦免または復讐（を決定）し、そうして（氏族外の）人々を養子とした。それは高級な部族会議および連合体会議の萌芽であり、そうして後の二会議（部族酋長会議と部族連合体の酋長会議）はおのおの、氏族の代表者たる酋長のみで構成された」（『古代社会・上』、一〇三頁、括弧と傍線は引用者）。

「こうした自然に生れた氏族社会のしきたりで暮らしたインディアン、イロクオイ種族（そしてこの制度下のアジア、アフリカおよびヨーロッパの人間、引用者）の全員は、個人的に自由であって、相互の自由を防禦すべき義務を有していた。かれらは特権と個人的権利とにおいて平等であり、世襲酋長や酋長といえども優越権を主張することなく、そうして血の紐帯によってともに結ばれた同胞であった。自由・平等および友愛は、かって公式（成文法をさすか）とはされなかったが氏族の根本的原則であった。これらの諸事実は、氏族が社会的および統治的制度の単位であり、インディアンの社会が組織されている基礎であるから、重要なものである。かかる単位からなった構造は、……必然的に彼等の気質の特徴を帯びている。それは　独立心と人格的尊厳との意識が、普遍的にインディアンの性格の一属性たることを説明する上に資するのである」（前掲書、一〇四頁、括弧と傍線は引用者）。こうした体制の社会が生み出した人間関係の一つの特質を、モーガンは次のように指摘している。

「インディアンの村や野営地が、全体として豊であるのに、その同じ村の片隅や野営地の一画に、飢えたり貧困にあえいでいる者がいる、ということはあり得なかった」（『すまい』、八九頁）。

さらに「マンダン部族には規則的、もしくは決められた食事時間はなく、ふつうは一日に二回くらい食事をとる。深鍋がいつも炉の上にかけられており、所帯員であれ、村の別の所に住む者であれ、お腹の空いたものは誰でもその鍋を火から下ろしてもらい、勝手に食べ始める権利があり、また好きなだけ食べることができる。いま述べたことは、北米インディアンの変わることのない習慣のひとつである。本当の意味で、これ以上に人道的で寛容だといえるしくみを、文明社会がその制度の中にもっているかというと、私はたいへん疑問におもう。」

インディアンの共同体的な社会では、男性、女性、子供を問わず誰でも、災難にあったり生活に困って、食べるものにも事欠いたばあい、誰のテント小屋（家の意味・引用者）でもはいって、食べてよいことになっている。かりに部族連合の長（人類が階級国家を形成する時代の「王族」等を生みだすと考えられる階層に該当・引用者）の小屋であってもかまわない。この社会でいちばん貧しく役立たずののらくら者が、狩りもせず、食べていけないほど怠けても、そのようにできる。いいかえると、かれはどのテント小屋にでも出入りでき、誰でも手元に食べ物があるかぎり、彼と分かち合うことになる。もっとも、狩りができるのに、こんな物乞いをする者は、自分が食べる肉とひきかえに高い代償を支払う。というのは、彼は腰抜けで乞食だ、という不名誉な烙印を押されるからだ」(『すまい』、九九頁)とものべいる。

さて、モーガンはつづけてケチな人間にたいするインディアンの態度を、次のように紹介しつつ、「歓待の習慣」が「財産の私有制がない原始共産主義社会」に根ざしたものであることを、以下のようにのべている。「……一方、困窮状態にある人や身内の者にたいするケチな了見は、大きな罪とみなされる。その罪の恥辱たるや、部族内の他の成員にまではね返り、とんでもない欲張りだ、という悪評がたつことになる。……中略……しかしながら、ケチな性分の人間にお目にかかることはめったにない。それは……かれらが誰でも自分の家族や部族をもっていることが、結果として共同の貯えをもつことと同じだからだ。……中略……彼らが自分の領土を旅する時は、そこに自分と同部族、または同氏族のものの住まいがあるかどうかをしらべて、もしあればそこへいく。それまで一度も会ったこともない人々が、親切に迎えてくれる。……食べたり飲んだり、わが家のテーブルにつくときと同じようにきわめて自由にふるまう……」(前掲書、一〇五頁)という具合である。

このインディアンの風習にかんして、エンゲルスは次のようにのべて、これが全人類の氏族・部族社会の普遍的な姿であることを強調している。「客人歓待がどのようになされたかについてのタキトゥスの手による記述(『ゲルマーニヤ』二一)は、モーガンがそのインディアンについて述べているものと、ほとんど細かい点まで同じである」(『家族・私有財産・国家の起源』、二三一頁)。これはわれわれ日本人にも完全に忘れられたものではなく、戦前までは農村のあまり金持ではない人々、また大都市のいわゆる下町の「人情」の一端に、その痕跡を止めていたものではあるまいか。つまり金持、とくに小金持はケチであるがあまり金がない下層といわれる人々は、比較的に「分かちあった」のである。

つまり原始共産主義社会といわれる氏族社会の特質は、その低い生産力による生産を皆でおこない、その成果を皆で分け合うことが原則となっている社会なのである。人類はどれだけ続いたから分からないほど長い、この社会の中で人間性を形成した。同時に生産力を発展させて国家という不平等社会を必然的に生みだし、この体制が不可避的に生みだす一方の極に富んだ人間の階級、他方に貧しい人間の階級に分かれて、有史以来、相闘いながら生産力を発展させつづけて今日にいたった。今日の人類の生産力は弓矢と黒曜石しかもたなかった、アメリカ大陸のインディアンにくらべれば、くらべる方が馬鹿馬鹿しいほどの開きがあろう。

しかし、今日の社会では貧富の差は激しく、貧しい境遇に蹴落とされた者には結婚して家庭をもつという、当り前の人間の営みさえも絶望的にされ、年をとった者は後期高齢者医療制度のように「早く死ね」という、非情の世界に国家権力によって追い込まれ、恐らく人類の歴史にも、また今日の世界の各国の制度にも前例がない、反人間的暗愚が横行するまでに「生産性向上」の名のもとに、その理性と人間性の頽廃の極致が出現するまでになっている。

こうした姿をみれば、モーガンという炯眼の一九世紀のアメリカの知識人が、マルクスやエンゲルスとは別に、資本主義制度の終焉の不可避性を指摘して何が不思議であろうか。「文明時代（古代国家、引用者）の出現以来、財産の増長は人民にとって、統制するを得ざる力となったくらいに、おびただしくその形態は多種多様を極め、その使用は増大し、そしてその管理はその所有者のために巧慧（巧妙）となっている。人心はみずから創造したもの（富・資本）の前に、阿然自失している。されどなお、人類の理知が財産（資本）を支配するまでに高められ、そして国家とその保護する財産との関係、ならびにその所有者の義務とひとしく権利の限界（大資本への規制）をも、決定する時代がくるだろう。社会の利益は個人（大資本）の利益に超越し、そしてこの二者は、正当にして調和ある関係におかれなければならない。もし進歩が過去の法則であったように、将来の法則でもあるならば、単に財産（資本の利益）を追求することは人類の最後の運命ではない。文明時代がはじまってから過ぎ去った星霜は過去の人類の存在期間の一断片にすぎず、社会の分解（貧富の差と階級的対立）は、財産を究極の目的（資本の利益第一主義）とする境涯を終熄させるだろう。

なぜなら、かかる境涯は自滅の要素（社会の共倒れと読む）をふくんでいるからである。政府にあっては民主主義、社会にあっては友愛、権利と特権にあっては平等、そして普通教育、これぞ経験と、理知とが、著々とおもむきつつる次代の、さらに高い段階の社会をしめすものである。これは古代氏族の自由、平等、および友愛を、もっと高い形態で復活させるものである」（『古代社会』・下、三三八頁、傍線と括弧内は引用者）というものである。

ここにはわが国のマスコミ等の「自由主義＝資本主義」という理念を、真っ正面から否定する「民主主義論」が掲げられている点も注目に値する。モーガンのいう「民主主義」は、人類の理知が大資本の「財産」たる資本を「支配」し、この大資本の「所有者の義務と等しく権利の限界を決定」、つまり大資本には勤労国民の権利をおかす権利がないことを、社会が決定するような思想と、政治的・行政的・財政的処置をさし、それは「社会の利益は個人（大資本）の利益に超越する」すなわち、勤労国民共通の利益が、「個人」すなわち一民間である大資本の「利益第一主義」よりは、上位とされる思想と政治をいうのである。資本主義万歳派はこれを「全体主義」とよぶ。エンゲルスは『家族・私有財産・国家の起原』の「第九章　未開時代と文明時代」のしめくくりで、このモーガンの見解を「文明時代にたいするモーガンの判決」（同書、二九〇頁）とのべて全文引用している。

今日の日本をはじめ「自由主義社会」は、人類の生存上で決定的意義ある生産が、資本主義的に、すなわち一民間たる大企業の利潤追求を唯一の原動力としておこなわれ、この取得に制限を加える労働者の賃上げや適正な税負担等をいうことは、あたかもこの生産の否定と破壊であるかに主張する。それは生産が、したがって分配が資本主義的におこなわれるからであって、生産を国民が共同して行う仕組みに変えれば、資本主義的生産につきものの、搾取と収奪、重税、資本主義に固有の侵略戦争といった社会的不公正は根本から除去できるのである。これに反対するのはそもそも論からいえば、いわば「大名がいなくなったら、この世はお終いだ」というようなもので、資本家がいなくなったら人類の生産はお終いだ、という「資本主義を限りとした」考え方、つまり日本経団連等の「大資本家」とその体制派の考え方に過ぎない。

こうして人類史という巨大な視野にたてば、二〇世紀から二一世紀、その寿命が終わりに近づきつつある、資本主義「永遠派」が支配する旧世界と、資本主義を乗り越える勢力・新しい陣営・体制とが、あたかも氏族的世界と都市国家勢力、古代的勢力と中世的・封建的勢力、この封建勢力と資本主義の勢力が対決・交代してきたドラマが新たに今日、われわれの眼前で進行中であると考える。

なおこの項の終わりに、エンゲルスの氏族社会評を述べておこう。「……この氏族制度なるものは、いかにも子供じみていて単純であるにもかかわらず、じつに驚くべき制度なのだ！　兵士も憲兵も警察官もなく、貴族も王も総督も知事や裁判官もなく、刑務所もなく、訴訟もなく、それでいて万事がきちんとはこぶ。不和と争いはすべての関係者の全体、つまり氏族か部族、ないしは個々の氏族相互がこれを解決する。……中略……たいていの場合、何百年来の習慣がすでに万事を決めていた。貧乏人と困窮者はありえない。——共産主義的世帯と氏族は、老人、病人、戦争不具者にたいするみずからの義務をわきまえている。万人が平等で自由だ——女子もである。……中略……こういう社会がどういう男女を生み出すかは、……インディアンに接したすべての白人が、この未開人の人格的威厳、率直さ、性格の強さ、勇敢さに驚嘆していることが、これを証明している。……」（『家族・私有財産・国家の起源』、一五五頁）。

第八章　氏族社会の原民主主義と儒教

一　日本古代史は世界の古代史とは別

さて、指摘したように大学的日本古代史学には都市国家群時代がない。世界の古代史に普遍的な都市国家群形成と発展の時代、その歴史の長さが今日の日本史全体に匹敵する、人類史の巨大な一時代が、日本史にはまるまるまったくないのである。これはあまりにも異常な姿ではなかろうか。これが「万世一系の天皇制は日本の伝統」なる歴史論の必然的な帰結である。

したがって古代史の名のもとに世界の古代史と、日本のそれを同質のものとして扱うことは、〝根本的な間違い〟ということになるのである。これは見かけよりははるかに大きい問題を、客観的には引き起しているのである。例えば古代中国の文化にかんしても、儒教はこの周という都市国家を中心とした時代の礼制を、一個の基礎とした文化を背景とした社会観・人間観をいう。同様に仏教もまた都市国家群時代の、シャキャ部族出身の釈迦に端を発するものである。このシャキャ部族の政体は「貴族的共和制」（中村元氏著、『古代インド』、一〇六頁、講談社、二〇〇五年、第二刷）といわれている。しかし、これは古代スパルタの貴族制的民主制に類似したものか否かはわからない。あるいは部族連合体の酋長らの協議制という、人類史的には氏族・部族社会のいわば原民主体制が、まだ残存した社会の特性を濃厚に保持したものであったかも知れない。

こうした段階の社会では周初期の時代をふくめて、部族制的な人間像、人間観がなおまだのこっていると考えられ、その段階の社会の人間観には、氏族・部族内部に限っての「平等・博愛」主義の価値観が、なお初期の国家段階で国家的意識の台頭、すなわち少数者の支配の正当化の意識の成長にもかかわらず、なお残存した側面があったことが、『春秋左氏伝』等に見られるところである。国家とは一方には、支配者に転じた氏族・部族戦争での勝者と、他方には奴隷、賤民に蹴落とされ酷使される捕虜や敗北氏族・部族の人間の間の不平等、搾取と収奪の関係が、一個の普遍的な社会制度・体制となる社会の出現である。ここにはそれ以前の人間社会に存在しなかった人間の苦悩が誕生するのである。

エンゲルスは『家族・私有財産・国家の起源』で、都市国家アテネが氏族・部族社会から如何に形成されたかの見事な分析を行っている。そこで指摘されているように、一旦不平等を根幹とする社会が出現すれば、急速に昨日までは同胞であった、氏族的な人間同士の紐帯もあっさりと断ち切られるという社会、すなわち敗北者のみならず勝利者側の氏族の少なからぬものをさえも、不平等と貧困のなかに投げ込むという社会が、誕生することを説明している。こうして世界の古代史、すなわち都市国家時代の到来は、人類が猿から発展してきた過去には全くなかった社会、すなわち搾取と抑圧、不平等、貧困、それに起因する憎悪と反逆と各種の犯罪があふれる、今日のわれわれが一二分に知っている社会へと、初めて突入する時代の到来なのである。

したがってこの時代の人類は、未だかってない社会の大転換に直面して、天文観測等の農業等の必要から開始された自然観察のみならず、人間とその社会のあり方に関しても、はじめて体系だった考察の開始をせまられたと思われるのである。国家制度という、一方では巨大な文明への道、他方では恐るべき汚辱に満ちた社会という問題に、如何に対処すべきか、深刻に検討し模索を開始したのは当然とおもえる。キリスト教のそもそもは、都市国家時代のものか否かは知らないが、儒教や仏教はまさに、まだその社会に氏族社会の人間の姿にかんする残滓が、それなりにある都市国家時代に、よりよい社会と人間像の基準を、なお氏族社会のそれに求める意識にたって誕生した、社会批判とそれのあるべき論ではないかと考えるものである。

「人類の聖人」と呼ばれる古代ギリシャのソクラテスや、インドの釈迦、孔子等がこの都市国家時代の思想家であることは、断じて偶然のことではないと思われるのである。したがって氏族・部族社会の姿と、その対立物である都市国家群時代の姿を正しく知ってこそ、日本における儒教や仏教への理解もまた真に正しいものになると考えられ、今日までの日本のこれらに対する理解がはたして正当なものかという問題も、古代史の姿と理解に深くかかわると考えられるのである。この意味は、アジアの古代思想は氏族社会から国家が始まった、いわば入り口での思想が一個の土台となったものではないかという考え方である。

これに対してマルクス主義は、人類が国家という長い長いトンネルからの出口の時代に、再び氏族社会的「原」民主主義を、氏族社会時代にはその臍の緒の紐帯の範囲に止まっていた狭さを打破して、全世界的に再構築するという「人類社会発展の道筋と展望」を、客観的根拠を明らかにして明確に示したものと考えるならば、われわれはあらためて古代アジアと日本の思想の姿と意味を、従来とはまったく異なった光のなかで再発見をして、まさに日本の未来を切り開く新たな力となし得るのではないか、と思う次第である。

マルクス・エンゲルスの民主主義論は、古代ギリシャ・ローマの民主主義を氏族社会論の「原民主主義」を土台にして考察しており、さらにはヨーロッパ近世以降の民主主義をも、民族大移動期の氏族社会段階のゲルマン人の「原民主主義」から説明している。

第一は、「だが、ヨーロッパを若返らせたのは、ドイツ人（ゲルマン人）特有の民族的特性ではなく、単に――彼らの未開状態、彼らの氏族制度だったのである。彼らの個人的有能さと勇敢さ、かれらの自由な精神と、すべての公的事項を自分自身の事項と考える民主的な本能、要するにローマ人には失われてしまった、しかもそれだけがローマ世界の泥沼のなかから新しい諸国家を形成し、新しい諸民族体を成長させることのできたすべての特性――これらの特性は、上段階の未開人の特徴、彼らの氏族制度の果実でなくてなんであったろうか」（『家族・私有財産・国家の起源』、二五六頁。傍線は引用者）。

第二は、「……ここではじめてわれわれは利潤とか利潤率とかいうものに出会うのである。しかも、商人たちの努力は、故意に、意識的に、この利潤率をすべての参加者にとって均等にすることに向けられる。近東のヴェネツィア人、北方のハンザ同盟人はだれでも自分が買う商品には自分と同じ価格を支払い、商品の運送費はだれにとっても同じであり、だれでも自分の商品については、自分と同じ「国」の他のどの商人とも同じ価格を受け取り、また帰り荷も同じ価格で買い入れられた。だから、利潤率はだれにとっても同じだった。大きな商事会社の場合に払い込まれた資本持ち分に比例して利益が分配されることは丁度、マルク権利への参加が正当な耕地持ち分に比例し、また鉱山利益への参加が鉱山持ち分に比例するのと同じに、自明なのである。

だからここでは、その十分に発展した形では、資本主義的生産の最終結果の一つである均等な利潤率が、その最も簡単な形態では資本の歴史的出発点の一つであるということ、それどころか、この均等な利潤率は、それ自身また原始共産体の直接的所産であるマルク共同体の直接的所産であるということが、示されているのである」(マルクス・エンゲルス全集刊行委員会訳、『資本論・8』、六四頁。「エンゲルス、『資本論』第三巻への補遺」、『一八九五年。マルクス・エンゲルス。レーニン研究所所蔵の原稿の写真版』、大月書店、一九六九年、第六刷。傍線は引用者)。

要するに人類は国家形成というトンネルの入り口で、アジア思想でいえば儒教や仏教が創設された。ここには氏族社会の「原民主主義」を、その人間観、社会論の正当性の〝一基準〟とした思想があり、マルクス主義はまさにこのトンネルの出口の時代に、その出口の姿と展望を氏族社会の「原民主主義」を土台としつつ語っているとも言える。すなわちアジアの古代思想は、当然ながらマルクス主義の民主主義論と合流するものであって、一人ヨーロッパの氏族社会が民主主義の唯一の源流というのではない、という考え方である。

日本古代史学には前述のとおりに日本における都市国家形成論もなく、したがってその時代の日本人が、世界史の「古代社会」時代の人々の苦悩と共通する諸問題に、どう向き合い対処したのか、必ずあったと思われる「原」民主主義的な日本思想を、今日のわれわれ日本人は知り得ないという、世界に例がない「私は誰でしょう」という、悲惨な知的状況につき落されていると考えるものである。

こうした根本問題を放置してもっぱら目先の問題に集中し、かつ「文明開化」以降にヨーロッパ文明の成果を学んでも、例えば「世界史」を学んでも、「万世一系の王朝制」とか、「王の代替りごとの遷宮」とか、「都市国家史もその史論もない日本史」などの姿を異常と考えないとすれば、いったいなにが「文明開化」、何が欧米の科学的思考の勉強だろうか、と思うのである。司馬遼太郎氏が感激する資本主義的近代化だけが、「文明開化」の成果というのだろうか。

その「近代化の成果」は結局はアジア諸国への侵略、第二次大戦でアジアでの戦争放火者の役割でしかなく、かつ日本民族始まって以来、外国人による全面的な国土の占領と蹂躙を許すという大罪を犯したに過ぎない。この結果が、きょうも「沖縄の基地問題」に集約されている。これをもたらしたものが日本資本主義を土台とするとは言え、しかし、特に、それが近代天皇制と尊皇思想＝尊皇日本史論という、世界に例がない特殊日本的主観主義の一大体系であることに、まともな考察、反省もないのが、戦後日本の現実の姿ではなかろうか。これでは「また繰り返す」という危惧はないのだろうか。

こうした日本の現実では、実際には存在したはずの〝真の日本古代史とそこでの文化、その時代の日本人の苦悩と探求の痕跡〟はかき消され、「大和朝廷の成立」がなにか壮麗な文化に彩られた誇るべき、国家体制の確立ででもあるかに描きだされ、「お上は永遠の昔から、正義と文化を保持していた」かに歴史は歪められるのである。これが八世紀初頭に大和朝廷自身によって編纂された、『古事記』『日本書紀』の真の姿であり、また、これを妄信・神聖化したものが尊皇思想の姿と役割である。これへの真の科学的批判を欠いて日本社会の前進を開く、日本的思想を確立し得るというのであろうか。問われる問題であると考える。

そうして遂には、古代大和朝廷と対決して歴史を前進させた、例えば鎌倉期の北条氏や足利氏等の武家勢力は「朝敵・国賊」とされ、戦後、その「朝敵」論は若干は緩和された観があるが、しかし、武家がかかげた「天命論」という、古代中国の都市国家時代の人民論に根ざす、アジアの進歩的思想の性格もそれの日本史的意義も、今日といえども評価する見地は皆無どころか、尊皇思想では一貫して極悪非道の反日本的思想と烙印をおして今に至り、これが近代日本で真の民主主義の確立を求める者への否定・攻撃に、いわば継承されていると思うのである。こうした近世以降の極めて特殊な日本思想への真剣な検討もなく、進歩をいうことはある意味では、目隠しのまま突き進むことに似て、想定した結果と到達した現実に乖離がつきまとったとしても、不思議ではない。

二　古代儒教と「市民会議」

古代中国といえば「アジア的専制体制」の権化ででもあるかの印象がある。しかし、興味深いのはこの方面の研究者の中には、「中国的民主主義があった」という考え方が意外とあることである。ここで検討の対象にしている儒教とは、春秋戦国時代の儒教である。すなわち中国に未だ統一王朝が出現するかなり以前の孔子（『論語』）、特に日本の北条〜足利時代に大きな影響を与えた孟軻（『孟子』）の時代の儒教である。これが儒教の基本部分である。

孔子時代の中国社会は、モーガンの『古代社会』や『アメリカ先住民のすまい』等に出てくる、氏族・部族社会を彷彿とさせる社会秩序、したがって古代ギリシャ、ローマ（共和制）と、一面大変に似通っている面があるのである。例えば「中国の都市国家は君主の宗廟と土地の神（社稷、引用者）を中心としてできた神殿中心の都市（都城、引用者）である。城の中央部に宗廟を中心にして、君主と同姓の有力部族の卿（大臣）と大夫（役人）の家があり、城門の外には、土着民（一般の部族員であろう。引用者）の神である土地の廟がある。

宗廟の門の前の庭内は、有力部族員が君主（大昔は酋長、引用者）のお召しによって、ここで毎早朝会議（ママ）をする場所で『朝』（朝廷の由来、引用者）とよばれる。城門の外の広場は、一般の士や庶民、現代的ないい方をすると、市民があつまって会議をする場所で、やはり『朝』というが、前の朝を『内朝』または『治朝』というのにたいして、『外朝』といって区別する。

ちょうどギリシャのアゴラ、ローマのフォールムのようなところである。たいていの政治は『内朝』の族長の会議で決められたが、特別の大事件、例えば君主の後継者を決定する場合や、外敵が侵入して和平か決戦かの決定をしなければならない場合、都を移す場合などは、国の人をあつめて大会をひらいて、その意見をきく手つづきがとられる。国人、すなわち国中の人というのは、都内の商工業者と都市近郊に住む地主である農民までをふくめて一般市民とみなされ、みなこれに参加する資格があった」（貝塚繁樹氏著、『世界の歴史・1』、「古代文明の発見」、一三六頁、中公文庫、一九八六年、一七刷。傍線は引用者）。

さて、貝塚氏がいわれる「城門の外の広場」に集まり、王位継承、和戦、遷都等を議決する人々の力の由来は何かである。これが分からないと実は、儒教のいう「民、礼、仁、義、徳」などが正しく理解し得ないのである。この広場の「民」とは、都市国家の王や有力役人と同じ氏族・部族員なのである。したがって自分達が気に入らなければ王を追い出したり、王と対立して王と民が「盟約」をかわすなど、おおよそ日本の『論語』や儒教理解からは、考えられない姿が真実の姿なのである。

王が追い出された例は「魯の僖公二八年」（紀元前六三二年、小倉芳彦氏訳、岩波文庫、二〇〇八年、第一六刷、『春秋左氏伝・上』、二八三頁）の項にある、晋と斉の都市国家同盟に参加を希望して拒否された衞の成公は、困って楚に接近を謀ったが、国人は異民族の楚を嫌って国君を追い出している。その後、

「天、禍を衛国に降され、君臣和協せず……」とう状況の克服のため、「盟約」を交わしてその条件によって国人は、国君を受け入れている。

こうした姿は大学的日本古代史にはない。そもそも都市国家群が存在しない大学的日本古代史学が、「大和朝廷」などという用語を使うこと自身が背理である。「朝廷」とはアゴラやフォールムと同じものであって、氏族・部族社会の氏族・部族会議の「広場」が、都市国家時代に継承されたものである。興味深いのは本来は、「倭国」の神話的体裁の歴史的伝承である『記・紀』神話の、「天降り」条項のなかに族長たる高木の神と氏族・部族員の、広場らしい場所での合議の姿が記されている。まさに日本の文献に残る倭人――日本人の原形の――社会の、世界の氏族社会と本質的に共通の姿の、しかし、『記・紀』に盗作されたことによってあまりにも傷つけられた断片である。したがって日本における真の朝廷は、都市国家をになったもの、例えば「倭国」とその約三〇ヶ国や出雲や関東、さらに東北の人々にこそあれ、「大和朝廷」に「朝廷」などは存在し得ないのである。

さて古代中国の都市国家群の姿である。「殷の政治組織は部族連合を基礎にしたものであったが、その部族連合はそれぞれ小国家をなし、その都市国家があつまって殷の国家組織をつくっていた。殷の内服つまり畿内は、殷固有の都市国家群の集合であって殷の部族が住んでいたが、外服（畿外、引用者）つまり地方には殷の部族もあるが、殷以外の部族もあり、異民族の都市国家がたくさんあった。殷はそうした外服を統治するのに、公、候、伯、子、男などという称号を各部族の長にあたえて、公候伯らは上級諸候で、下級の小さい部族の男（ママ、子男の意?、引用者）を統率し、殷王朝に朝貢するという制度をとった。周はこの制度を模倣した。周と殷の制度の違いは、周が同姓の部族の子どもたちを華北平原の広い範囲に新しく諸侯（周と同部族の新都市国家群）として封じたことである。こうして周は中原に新しい植民都市（国家、引用者）をつくり、これを通じて東南民族と同化しながら文化的にも政治的にも支配圏を強めていった。このことは、西洋史にたとえれば、都市国家ローマがイタリア半島の征服地に植民地（コロニア）をつくって発展していったのと似ている」（『世界の歴史・1』一一八頁）。この「封建制」はヨーロッパ中世や日本の封建制とはまったく歴史の段階を異にした、古代都市国家時代の同部族の新都市国家建設を指す「封建制」、すなわち都市国家時代の植民制である。

さらに、この時代を理解するうえで重要なことは、「礼」には色々な側面があるが、都市国家の「国際関係」に関する基準でもある点である。この基準は実は中国だけではなく氏族・部族社会の本質に根ざしものであるが、これまた日本古代史学には皆無のことである。「周は部族連合の頭であって、周自身は一つの都市国家をなしながら、同時に他の都市国家の盟主でもあったから、他の都市国家の内政には干渉せず、その自治権を尊重するのが、周の伝統的対策であった」（貝塚氏、前掲書、一三〇頁）。

氏の口振りでは一都市国家・周の対外政策に聞こえるが、実はこれが初期の都市国家群の基本的対外関係なのである。定住氏族・部族社会では戦争は絶え間ないが勝利氏族は敗北部族の領土を全面併合・占領したり、その内政に干渉しないのが原則（『すまい』、一六八頁）なのである。

あるのは「朝貢」である。これはアメリカ大陸の北・中・南のインディアンの、部族社会に普遍的なものとされている（拙著、『消された日本古代史を復原する』、参照）。したがって古代中国史では、例えば日中関係もまた、「朝貢」が非常に重視されているが、これは単に戦争による勝敗ではなく、部族社会的「国際関係」の体制的本質に根ざすものの「遺制的儀礼化」である。逆にいえば国際関係としての「礼」である朝貢を果たせば、古くはあとは自由なのである。

春秋戦国という呼称の歴史的意味は、この部族的都市国家群がその歴史的必然性において、大きな部族的都市国家が周辺の中小の都市国家を併合して、領域国家（東周以降は一二国、戦国時代は七ヶ国、最終的には秦～漢という統一王朝・国家になる）へという、日本古代史学には存在しないが、世界的には同様の流れが貫徹する歴史の過程をいうのである。例えば古代琉球でさえも、多くの氏族的小国家がやがて北山（名護等の北部）、中山（浦添・那覇）、南山（糸満地方）という、三つの中規模的地域国家に収斂しているのである。これは大学的日本古代史がいう日本古代とは、根本的に異なる人類の国家誕生・発展の歴史の普遍的な過程である。ここに見る世界と日本本土の違いは明瞭であろう。

したがって春秋時代ぐらいまでは、中小の都市国家を征服しても、その部族の「宗廟と社稷を絶つ」ことは、礼を無視した横暴と見なされ、中小の都市国家は大都市国家（大国と称された）との盟約を重視し、大国は盟約にしたがって中小国を保護することが礼とされて形式的には重視されたのである。これをドンドン破り中小都市国家を廃止し、その後に自国の役人を派遣して統治させる最初は、「中華部族に対して異民族」とされた楚の中原進出と言われている。これが「中華」においても本質的には進行しつつあった「郡・県国家＝地域国家」の形成を、いわば公然と促進する契機となったという。

中国の古代儒教とは、こうした都市国家の世界観と国制、ならびにその文化を土台として生れてきた思想である。したがって本来、江戸時代の武家社会、況んや明治維新以降の絶対主義的天皇制社会の国制やその社会的思想とは、本質的に異なる性格の思想と文化なのである。貝塚氏は先に引用した文献で孔子の思想と理念を、当時の魯の政治を牛耳る「三恒」と呼ばれる成り上がり氏族の支配を打破して、「いわば一君万民の民主的社会をつくり、古代都市国家（周初期時代とその礼を基礎にした国制・引用者）の伝統にかえそうとしたのである」（前掲書、一五七頁）とされている。この孔子への評価に私はあまり賛成ではない。これに適合するのはむしろ『孟子』である。

孔子は下級貴族の子弟でありその政治理念は生涯、氏族・部族的都市国家の貴族主義的あり方を正しいものとしたのである。これに反して戦国時代は、氏族・部族的古代都市国家群が戦争で消滅して、地域国家への胎動が急速に進行し、氏族・部族的な君民関係が破壊され、国家・支配階級による冷酷な搾取と収奪が、いっそう公然と貫徹される時代になり、孟子はこの時代に古代儒教の「民の姿」論を引っ提げて登場して、これを蹂躪する支配者に「人民の革命権」という新しい理念を対置した思想家である。したがってさすがの古代中国人でさえも、当初は、その評価を躊躇っているほどである。その意味では、『孟子』は孔子の「一君万民の民主社会」を徹底しているのである。

儒教を封建制の遺物という考え方は、マルクス・エンゲルス、モーガンの氏族社会から都市国家群が誕生するという、史的唯物論を、ヨーロッパ史においては、ないしやマルクス等がいう限りでは言葉としては理解するが、アジア史をこれに加えないという考え方であって、それは不可避的に日本民族の国家創設をもマルクス主義では考えず、『古事記』『日本書紀』の「万世一系の天皇制」を金科玉条とするものとなるのである。真理と虚偽の関係は「治乱は水火の陣」（『東鑑』）、すなわち二者択一である。

三　儒教と礼制、人民

さて儒教の根元的思想は「礼楽制」にもとづく「徳治主義」の提唱である。これへの日本の儒教の理解は、観念的抽象的にしか行なわれていない。その結果、一方では、これをやたらにあるべき「人の道・社会の姿」と力説して、しかも戦前の天皇制と「万世一系の天皇制は日本の伝統」論の弁護論に変質させた。他方ではこの日本的儒教と古代中国儒教を混同し、その誤解にたって儒教一般を罵倒するという根本的に誤った態度をも生んだ。

しかし、これを氏族・部族社会の姿から生れるものと理解すれば、古代儒教の主張、内容とその是非は中学生にでもわかるほどである。同時に『論語』で孔子自身が言っているとおり、当時の現実政治からは受け入れられなかった、その意味では敗北の思想なのである。この「敗北の思想」が何故、中国の国教になったのか大変興味深いことである。多分、それは本国インドでは消滅した仏教が、国際的宗教として根強く存在している事情と似ているのかもしれない。両者に共通なのは、氏族・部族社会の人間の姿を「善」とし、人間社会の善悪是非をこれに照らして判断している点である。つまり悪とは国家の発展から生れて来ることになるのである。しかもそれは、同時に歴史の流れである。ここから儒教等の善と真理は必然的に敗北の主張となるのである。

もちろん儒教は、国家の形成・発展が歴史の主要な側面の時代のものであるので、これに様々な矛盾した面があるのは当然である。しかし、これらの思想が主張する人間社会のあるべき姿は、驚くなかれマルクス・エンゲルスが言う、社会主義・共産主義の姿と通じている面があるのである。このいわば古臭い古代思想は、そのため人類の未来の大洋に滔々と流れ込む大河の観がある。しかも、この古代思想の前進面を高く掲げて、日本社会の進歩を促進したものが、日本の東国武士団と初期の武家階級である。

天文、農業・人民

さて「礼制」の幾つかの面を見ていこう。礼というと日本人は目上目下の人間の社会関係や対人関係と感じる。しかし、事実はかなり違っている。この礼には「天文」が入っている。『論語』「八佾《はついつ》第三」項に、「子貢、告朔（朔を告げる）の餼羊（生贄の羊）を去らんと欲《ほっ》す。子曰く。賜や、爾《なんじ》は其の羊を愛《お》しむ。我は其の礼を愛しむ」。

これは都市国家の初期の時代、周等の代表国家の国君（天子）が毎年一二月に、翌年の一二ヵ月の暦を諸侯（同族諸都市国家の国君）に与え、諸侯はこれを自分の宗廟に納め毎月の朔に、一匹の羊を供物にして朔日を廟に告げ、その月の暦を国内で施行するのが習わしであった。しかし、魯ではこの毎月の朔日を告げて政をする習わしがすたれ、ただ羊を生贄にすることだけが遺制となったので、賜・子貢は羊の供物を無駄だといったのであるが、孔子はこの儀礼が失われたことを惜しんだということである。

問題は、この暦（旧暦）は、部族社会の農耕とそれにまつわる政《まつりごと》にかかわる、重大な意味があることである。先述のとおり都市国家の中心部に、宗廟と社稷があるのである。社が土地神であり稷は「キビ」である。日本風に言いかえれば「社稲」となろうか。しかも農耕民の中心は同一氏族・部族の国人である。すなわち「民」である。この同胞たる民の営農とその成功こそは、都市国家の国君や上級層の富と力の源泉である。

「閏年を置いて季節のずれを正し、四季に応じて農事を行い、それによって民の生活を豊かにする。民を育成する道はここに存する」（『春秋左氏伝・上』、三四四頁）。したがって戦争にせよ、都市国家のための、古くは部族的原始都市の共同労働である労役は、暦を正しく運用して農繁期を避けて、農閑期に行うことが民への、したがって社会への礼となるのである。

さらには『詩経』(大雅蒸民篇)に、「天、蒸民を生ず。物有れば則《のり》あり。民の彝《つね》を秉《と》る。斯《こ》の懿徳を好む」(天が、人間を創造した。この世界では物があれば特質が与えられるが、人間は作物をつくって、これを食べる＝祖先の御霊廟に農作物を捧げる＝という特質が与えられた。天は、この特質が立派に行われることをのぞんでいる）。

宇野哲人氏はその著、『中国思想』（三〇頁、講談社学術文庫、一九九〇年、第一三刷）で、舜が推されて王位についた際、統治にかんする意見を人民から聴取したら、人民が「食なるかな、これ時」と答えたとも述べて、「かれら（古代中国人）は、食は人の天なりとも言っている」とされている。「天命論」と呼ばれる思想を考えるときに重要な意味があると考える。

なぜならば「天」は農業を指し、しかも「大誓に、『天の看るは我が民の看るに自《したが》い、天の聴くは我が民の聴くに自う』」（『孟子・下』、小林勝人氏訳注、一四三頁。岩波文庫、一九八五年、第一四刷）といわれる存在、すなわち「天とは生産をになう国民」を指すのである。

四　氏族・部族社会の酋長と王

さらには古代儒教の「仁・義・徳」等とは、都市国家段階の国君・大夫・士等の支配者と、民の関係を律する当時の生産活動の仕組みから必然的に生れる人間の社会関係によって規制され、それを反映した必然性のある当然の理念なのである。そもそも東周以降の都市国家の規模は貝塚氏の前掲書によると、「春秋時代の都市はたいして大きくなく、城の広さは方三千尺(方一キロ)、戸数はせいぜい一万戸ぐらいであった」（前掲書、一七二頁）とされ、戦国時代でも城の規模は「方千丈、万戸の邑《まち》」とされ、さらには人口五万人程度の町がうまれ、「斉の都の臨淄は当時最大の都市であった。戸数は七万戸、壮丁が各戸に三人ずついたといわれているから、……壮丁の男子だけで二一万人。総人口五〇万人をはるかにこえていたろうと思われる」とされている。ちょっと話が飛ぶが、この戸数をみると「邪馬一つの国」等の北九州の都市が、当時より約七〜六〇〇年前の戦国時代の中国の都市と遜色ないことが窺える。

さて、したがって春秋期以前の西周時代やさらには殷、夏時代の都市国家の規模も、「天子」といい「大王」といい、その都市の規模は案外、小さいということが浮かび上がってくる。たとえば「夏の諺に曰く、吾が王遊ばずんば、吾何を以てか休《いこ》わん。吾が王豫《たのし》まずんば、吾何を以てか助からん」（『孟子・上』、七八頁）。すなわち「夏の時代の諺にも、『王がお遊び（国内巡視）にいらっしゃらなければ、我々はどうして休息できようか。王がお楽しみ（国内巡視して対策をとること）にならなければ、我々はどうして助けていただけよう』」というのである。

この意味は先ず、夏という都市国家は周の出現の約一〇〇〇年前（紀元前約二〇五〇〜前一五五〇）である。今日、この夏の都城の「二里頭遺蹟」が発掘されて、その国家の存在が確認されてもなお、欧米・日本の学者のなかには、「幻の夏王朝」などという人もいるほどである。この「夏国家」はしたがって周時代に比較しても、さらに古代的、すなわち部族社会の遺制が濃厚であったと考えるべきであろう。つまり氏族・部族社会の世襲酋長をはじめ一世代酋長等の仕事は、氏族・部族員への奉仕である。それが不十分な者は例の「朝廷」に継承される氏族会議で、情け容赦なく罷免されるのが習わしである。この長年の風習が色濃いく残存したはずの夏王朝の「王」が、『孟子』によれば、「春は耕すを省（視）て足らざるを補い、秋は斂《おさ》むるを省て足らざるを助く」（『孟子・上』、七八頁）という姿を示したのは自然である。

興味深いのは、先述の『大学』に、「詩に云く、楽しき天子は民の父母、民の好む所はこれを好み、民の憎む所はこれを憎む。これをこれ民の父母という」という一節があることである。この「民の好む所はこれを好む」指導者とは、まさに氏族・部族社会の酋長の姿そのものである。これらの儒教思想は、したがって都市国家段階にあった氏族・部族時代の習慣や考え方を、ある程度は反映したものと見なし得ると考えるものである。

同時に重要なことは「夏の諺に曰く……」という文言が示す意味である。古代中国儒教を考える時に忘れてならないことは、今日の古代中国文化と儒教の書物は、秦の始皇帝による有名な「焚書坑儒」（書籍の焼却と儒学者の生き埋め）の後、漢王朝の初期のいわゆる「漢儒」らによって、再発見ないしは編集されたものが主であって、その意味では春秋戦国期以前のものが、「生」で残っているものは少なく、また多く貴重なものが失われているという現実が、指摘されている点である。したがって『孟子』の「夏の諺に曰く……」とそれに関連した文章等は、きわめて貴重な夏時代の姿を伝えるものである可能性も考えられる。

がさて、もとにもどって夏・殷・周（主に西周）時代の部族的都市国家の「君臣」関係が、江戸時代はもちろん戦前の日本社会とは本質的に異なるものであって、同一血族のなかの国君、大夫、士等と民とが、生産と租税等の関係を軸に社会をつくっているのであれば、以下のような日本の特に明治以降の儒教解釈とは全くそぐわない、「君臣」の関係が存在しても、それはむしろ当然ということになる。

「民にたいして忠、神霊（祖先の霊、引用者）に対して信なること。……民は神（祖先霊）の祀り手なので、聖王は先ず民を安定させてから、神を祀ることにつとめられました。そこで犠牲を供える際に『博碩肥腯《はくせきひとつ》』と申すのは、民が広く力を蓄えられ、家畜が碩《おお》いに繁殖し、病気もなくよく肥え、腯（五体完備）であることを申すのです。穀物を供える際に、『潔粢《けっし》は豊盛』と申すのは、三時（春夏秋）も無事に打ち過ぎて、民は和らぎ稔りも豊かなことを指すのです。酒醴《しゅれい》を供える際に『嘉栗《かりつ》の旨酒《ししゅ》』と申すのは、上も下も嘉き徳そなわり邪心なく、香り芳しく邪意なきことを指すのです……」という条が、『春秋左氏伝』の、魯の恒公の六年（前七〇六）、傍線は引用者）にある。

これは楚と争っていた随の国君を臣下が諌めたものである。その忠告に「随候は心配になって内政を整えたので、楚も随への攻撃を断念した、とある（『春秋左氏伝・上』、七八頁）。このような考え方は『春秋左氏伝』には、非常に多いのである。例えば秦を大敗させた晋はしかし、秦君がその（大敗の）責任者の孟明を引き続き任用し、「孟明は国政をさらに整え、民を優遇したので……」、晋の大臣は「秦軍がまた攻めて来ても、正面からぶつかるのは避けよう。（秦は孟明のもとで）慎重に徳を修めているから、対抗できない」（『春秋左氏伝・上』、三二七頁。傍線は引用者）と述べている。

さらには楚の首相の子玉はケチで、「玉で飾った馬の頭冠と胸飾りを造らせたが、出陣に際して黄河の神がそれを所望したが、子玉はこれを捧げなかった。これを見た家臣は『神が令尹（子玉）を失敗させるのではない。民を重視せぬ令尹が、(民の上に自分の欲をおいて)自ら失敗を招くのだ。』」(『春秋左氏伝・上』、二九一頁。括弧内は引用者）と言ったとある。このように『春秋』には、国力を増進するものとして、「民に礼をつくす」ことが重視されるとともに、国君が臣下の忠告に頭を下げ、または自分の誤りを公然と認めるなど、これまた日本儒教には見られない特質があるのも当然ということになる。

次に、国力増進の一例である。「衛の文公（紀元前六〇〇年）は粗布《あらぬの》の衣、粗絹の冠をつけ、生産につとめ、農耕を訓《おし》え、商業を便にし、工業を援助した、教育を重視し、吏務を習わせ、能力ある人を任用した。即位の元年には兵車が三十輛しかなかったが、末年には三百輛になった」(『春秋左氏伝・上』、一七七頁)。すなわち農耕、商工業は民業である。当時の都市国家段階では、支配者といえどもその同胞たる民の力を無視し得ず、その力は決定的な意味をもったと考えることが正しいと思われる。

しかも、非常に興味深いのは古代中国思想が、「善政こそが国威を高揚させる」という、考え方にたっていることである。その「善政」とは「民の要求にもとづいて、その暮しをよくすること。それをめぐって正しい、有益な臣下の意見には王といえども従うべきこと。従わない場合、臣下には服従の義務はないこと」など、極めて民主的な思想と気風が民族的なものとして存在している事実である。

こういうと封建思想の権化である儒教を不当に美化した、非常に馬鹿げた考え方と言われるかもしれない。しかし、こうした見方は厳然として存在するのである。例えば京都大学名誉教授で古代中国数学等の研究者である薮内清氏は、その著『中国の数学』(岩波新書、一九七四年、第一刷)で、一世紀ごろの成立という古代中国数学の有名な書『九章算術』を取りあげられ、古代中国数学が「……官僚が政治を行ううえの必要から研究されたということで、実用性と密接につながっていた」(同書、二四頁)と指摘されて、古代中国の数学が政治的性格をつよくおびていることを指摘されている。

この『九章算術』にかんしては、小倉金之助氏の「支那数学の社会性――九章算術を通じて見たる秦漢時代の社会状態」(『数学史研究』第一輯、岩波書店刊)を引用されて、「幾何学と数論において古代ギリシャに劣るけれども、算術と代数においては西暦二七五年頃のギリシャを凌駕している」(同書、二六頁)とされ、この『九章算術』は田地、農作、土木工事、穀物および食物の交換、工芸、物価、利息、運送、租税、関税等に分類されて論じていると述べられている。

問題は、このなかの計算例に水路の開鑿に当たり、労働者一人あたりの平均的ノルマを計算している例(同書、三二頁)や、賦課や運送の公平を目指した計算式がある点を指摘されて、「数学書としてはまことに珍しい。古代中国の役人といえば、人民をやたらに苦しめたものと考えられやすいが、この二例でみる限り決してそうではない。二千年の専制国家がつづいた背景には、それないりの理由があったと思える」(同書、三二頁)と述べておられる。すなわち古代の儒教思想とは政治の根底を国民生活の向上・安定、繁栄におく、しかも歴史的民族的な思想なのである。その意味では、ヨーロッパの発展期の民主主義思想と、源流において共通性があるとうべきものである。

いま中国にはいわゆる選挙制度は存在しないが、もし民主主義の第一の課題が国民生活の向上を確保・推進することであれば、現実には前進しているのは事実であろう。そうしてこれは偶然でもたまたまでもなく、また共産党の政府というだけではなく中国には政治の眼目は国民生活の確実な向上であるという、都市国家時代以来の思想が民族的な伝統として存在し、かつこれが神を否定する唯物論の姿で、これも民族的な思想として数千年にわたって存在していることもある、とも考えられる。

古代以来の中国思想・文化には、津田左右吉氏のような中国文化・思想の全面的な否定者でさえもが、「……ところで、非宗教的な精神はおのづから一種の合理主義的傾向となって現れるので、シナ思想の一面にはかういふ傾向がある」(『シナ思想と日本』、一一頁)と指摘するような特質がある。もちろん氏はこの合理主義を、「シナ式合理主義」と侮蔑をもって呼んでいる。しかし、歴然とした「合理主義」なのである。

しかもこの「合理主義」こそは、津田氏が本質的に敬愛する例えば本居宣長に見るとおり、近世尊皇思想家が全身的な憎悪をもって攻撃したところの、「事実にたって世界を考える」という思想、その本質は科学的思考へと発展・結実する可能性のあるところの、しかも民族的な思考形態である。ここに本居宣長の中国的無神論的思考への攻撃の一端を引用しておこう。

① 「すべて物の理は、次第に本をおしきわむるときは、いかなるゆゑいかなる理と知るべきにあらねば、

陰陽太極無極も不生不滅も、畢竟は無益の弁にして、そのことわりあることとなし。ただ天地世間は人の智にていかなる理とも、いかなる故にしかるともはかりしるべきにあらず」（講後談」）。

②「世の中のよろづの事はみなあやしきを（解き難い謎であるのに、引用者）、これ奇しく妙なる神の御しわざなることをえしらずして、己がおしはかりの理を以ていふはいとをこ（おこがましい、引用者）なり。いかにともしられぬ事を理をもてとかくいふは、から人（漢人＝中国人）のくせなり。……また、ついに理のはかりがたき事にあへば、これを天といひてのがるゝ。みな神ある事をしらざるゆゑなり」（『玉勝間』）

といった具合である。こうした思想を根底とする近世尊皇思想が、明治以来の国教となっている日本が、第二次大戦の放火者となり「大和魂」を絶叫して遂に敗北するのは理の必定であろう。

戦後の日本人は日本を、近代的・民主的国家・社会と信じ込んでいる。しかし、それは資本主義への道をアジアでただ一つ開くうえで決定な役割を果たした、初期武家階級の古代天皇制との闘い、そこに掲げられた「天命論」と『孟子』という、儒教のなかでも一層進歩的な思想をさえも、無価値なものとして扱う態度では、明治以来第二次大戦の敗北までの悲惨を、再び繰り返さないという保障はないとも思われる。なぜならば「万世一系の天皇制は日本の伝統」だの、北条～足利時代の武家の「天命論」思想の否定の意味は、支配階級の利益とその観念と、日本民族の歴史と特質、その真実とをとり替えること、つまり事実と観念を取り替えることであって、神という言葉を使おうと使うまいと、人間の単なる観念を事実ととり替えるという、ガリレオの地動説を否定した中世的キリスト教の愚を国教とすることに通じているからである。近代日本は世界に類例のない異常な国家・社会という由縁である。

私は正しい選挙制度と、それにたった議会制度はもちろん重要と考えるものである。しかし、民主主義思想と制度はいかにして生れたかということに対する、マルクス、エンゲルス等の史的唯物論、すなわち科学的歴史学を無視した、「自由主義国家」風の民主主義論、然るを況んや都市国家一つない「日本史」を不審としない地点で、日本が中国にたいして民主主義の先進国家でもあるかに云うのは、お門違いも甚だしいと考えるものである。

五　徳について

徳とは何か。色々言われている。「敬は徳の集合です。よく敬する者には必ず徳がある。徳は民を治めるもの……」(『春秋左氏伝・上』、三一一頁、僖公一三年(前六二七))とある。日本では敬は目下の者が目上のものを敬うことである。しかし、だとすると「よく敬する者には必ず徳がある。徳は民を治めるもの……」ということと矛盾するであろう。つまりここでいう敬は、「目上の者」＝国君が、「目下のもの」＝国民を敬うという意味にしかならないであろう。

ではその意味はなんであろうか。「忠とは徳が純正なこと。信とは徳が堅固なこと、卑譲は徳の基礎である」（前掲書、三二三頁。文公元年・前六二六年）とある。卑譲とは譲ることである。独り占めにせず分け与えるということである。これが純正な心で下心なく行なわれるのが忠なのである。これの正しさを疑わず揺るがないのが信（信念）となる。いったいこの譲るとは何か、ということになる。簡単である。

すでに「氏族社会」のところで指摘したとおり、今日の人間性の形成とヨーロッパの民主主義の元となった氏族社会では、一部の人間による「独り占め」は最大の悪行であって、もっとも反社会的反人間的行為として、天人共に許されないものとして断罪されたものである。逆にいえばこの社会の当り前の姿は、「分け合う」ということである。

徳とはこの氏族社会の普遍的な人間関係と人間像をいっているのである。しかし、都市国家はすで氏族社会の対立物で少数の支配者が、富を「独り占め」する方向に社会が動きはじめている時代である。しかし、一方では氏族社会を一挙に卒業できず、氏族社会では「分け合う」ことが当り前であったために、特に徳などを強調する必要はなかったのであるが、「独り占め」への動向が社会の基本となるなかで、それでも部族的都市国家の段階では、この徳はまだ大いに重視されたのであろう。

しかし、当時の都市国家群は、より強大な地域国家への発展過程であれば、そこから「徳」の解釈にも階級社会の特質の刻印も加味されて、「大王の徳」の讃美といった、新たな意味も加えられるようになったのであろう。これは社会秩序の礼であれ、当り前のことであった親を大切にする、とくに氏族社会の酋長が例外なく、氏族・部族の老人や戦争の傷病者を、子供とともに大切にするという習性も、都市国家時代には色々に論じられ、次第に階級社会に適合したものに変節させられながらも、なお始原の姿をも若干は止めたのであろう。

こうみてくると本来、氏族・部族・社会から誕生・発展したにもかかわらず、日本においてその記録と、そこでの日本の「徳」と「独り占め」批判という、真の古代文化の伝承さえまったくない日本において、「ルールなき資本主義」「日本人はうさぎ小屋に住んでいる」「日本人は働きバチ」などと、世界から言われる日本の姿の異常性の根元も、自ずから理解できるように思える次第である。そもそも資本主義とは、一部の資本家が「独り占め」を競い合う「競争・自由社会」である。資本主義の生産の動機は、一民間企業の「最大限利潤の追求である」という点で、氏族・部族社会の対極にある社会体制である。

しかも興味深いことは、定住氏族・部族社会以来、その社会の生産が集団的社会的特質を帯びているのが、この資本主義的生産様式である。自動車、新幹線、飛行機、冷蔵庫、テレビ等々、大企業によって生産される財貨は、江戸時代の親方と徒弟とがつくる馬車や荷車のように、その親方中心の個人的な労働の産物ではなく、その素材から考えれば何千、何百という労働者のある意味では国際的な共同労働である。したがってその生産物は共同労働の成果である。にもかかわらずその財貨の生産者としての所有者は、江戸時代の馬車の親方の個人的製造者同様に資本家（株式会社を含む）である。生産の巨大な社会的性格と、その取得の中世的・個人的性格の矛盾こそは、『資本論』が明らかにした資本主義的生産様式の死滅の秘密である。またその点で資本主義は、西ヨーロッパでもアメリカや日本でも変りはない。しかし西ヨーロッパには、氏族社会の体制から生れた民主主義があり、資本主義的圧力をうけつつも、なお機能している面もあらしい。

問題は日本である。その歴史に本来あるはずの氏族・部族社会の伝承さえなく、「万世一系の天皇制は日本の伝統」なる反人類史的歴史とその反民主主義、反国民性が日本社会の本質とされて、せっかくの儒教と古代中国文明は、明治以降においては悪用されてきたか、罵倒されてきたかでしかない。したがって日本の資本主義が世界から見ても、異様としか言えない反人間的、反国民的な、一部の大資本家の「独り占め」精神と体制の牙城であったとしても、なにが不思議であろうか。なるべくしてなっているのである。

「満ちれば欠けるが世の習い」と古来いう。資本主義体制は氏族・部族社会の対極である。したがって資本主義体制が欠けはじめるのは宇宙の必然事である。マルクス・エンゲルス等が氏族・部族社会の本質的なものが、新しい次元で復権するというのは、宇宙の発展法則に合致した当り前の説である。これを「ソ連の崩壊」で「資本主義万歳」とか、「社会主義ダメ」論とかをいうのであるが、「サブプライム・ローン」の破綻という、アメリカを先頭とした最新式の「新自由主義」、すなわち大金融資本の我が儘勝手の「自由主義」なる資本主義が破綻して、反対に東欧ではかつての「社会主義」の方が生活に困らなかったという、声さえ生れる事態となっている。

日本で、例えばNHKなどを先頭に中国にたいして「貧富の差が拡大」、「人権派への弾圧」などと、「第二のソ連崩壊」を期待しているらしい報道が大いに行なわれているが、アメリカの金融破綻を契機に「内需拡大」、すなわち「都市の富の一部を農村に移す」（農産物の価格を上げ、税金等の配分を都市から農村に厚くすることか）という、「徳」の政治、「分かち合い」にたつと思える経済政策が成功する可能性も生れている。しかも、中国政府は農民・農村重視を掲げている。

ついでに言えば中国の都市と農村の格差を日本のマスコミは大宣伝しているが、日本軍国主義が占領・支配した時代や、「文化大革命」時代と比較すれば、「改革開放」以降は農村の所得も年々向上しているであろう。日本のように都市勤労市民も農村も疲弊しているのとは根本的に違っている。ただ都市と農村の所得の増大に格差があるという中国社会発展の一局面の問題はあろう。驚くのは日本の財界大資本とその政府の姿である。日本の「企業の内部留保がこの約一〇年間で、二〇〇兆から四〇〇兆円に膨らみ、反対に同じ期間に雇用者報酬は二八〇兆から二五三兆円に落ち込んでいる」（ＯＥＣＤ経済協力機構）といわれている。

この一部を取り崩して例えば三〇万人の失業者を年収三〇〇万円で一年間、雇用しても一兆にもならないであろう。ところがこれを言う者は非現実的で日本の生産体制と社会の破壊者でもあるかに言う風潮が「常識」とされている。

しかも国民が困っている時になんと「派遣労働者、非正規労働者」をただちに禁止（抜け穴だらけの法制化が審議中）しないどころか、「独り占め」に精をだし国民の税金も自分の懐に流し込みたいために、たとえば七五歳以上の老人から年金等を搾り取る、「後期高齢者医療制度」をも民主党は先の総選挙で廃止を公約しておきながら、なんと今度は六五才以上に対象を広げるという。日本国民は軽く見られているわけである。

だがそれだけではない。中国が「内需拡大」を端緒的に成功させたかと見るや、一方ではアメリカと組んで「人権外交」を叫びつつ、なんと中国市場に参入しようというのである。おかしいではないか。「共産党一党独裁」「貧富の差の拡大」「汚職と不敗蔓延の国」ならば、人口は多くても貧困な市場でしかあり得ないであろう。将来の展望もない市場ではないのか。なのに何故せっせと出かけるのか。言っていることとやっていることがまったく逆ではないのか。アメリカにぶら下がり中国市場を狙って「売らんかな」とばかりに進出をはかる。しかも、「国際競争力」と称して国民の所得はドンドン減らしながら海外市場めあて、すなわち「他人のフンドシで相撲をとる」のに余念がない始末である。日本では「徳」は独り占めの「得」に化けるのである。

興味深いのはアメリカによる経済封鎖という非道な措置を、約半世紀にわたって受けている「貧しい国キューバー」では、医療は無料であって、しかも滞在中の外国人も同様だという。世界第二の金持ニッポンでは医療費はドンドン国民負担が増している。そればかりか貧しいアメリカ市民が、キューバーで無料の診療を受けようとすると、世界一の金持のアメリカ政府は、これを妨害するという。しかし、中南米とカリブ海諸国は一致して「人権外交の国、アメリカ」を排除して、「中南米カリブ諸国共同体」を来年（二〇一一年）にかけて結成するという。アメリカ排除の理由は「米国がいるところでは、民主主義が保障されない」からという。日本のマスコミの「民主主義」論と比較するのも意義あることと思われる。

六　『孟子』について

孔子が理想とした西周も比較的に初期には、氏族・部族を土台とした各部族長等を中心とした原始都市の酋長会議の遺制が、都市国家の「貴族政治」の形で、礼制による徳治政治として若干は残存したのであろう。さて『孟子』のきわめて興味深いところは孔子より約一六〇年後に生れて、当時の中国社会が戦国時代、すなわち古代的部族的都市国家から領域国家形成時代へと突入し、さらに中国の統一王朝の実現へと歴史が急速に動いている時代に、氏族・部族社会的秩序を社会のあるべき姿とした社会論を強調している点である。

それは次のような主張にも見られる。「夫れ仁政は必ず経界(田圃の境)より始まる。経界正しからざれば、井地鈞《ひと》しからず、穀録平らかならず。是の故に暴君汚吏は、必ず経界を慢《あなど》る。……中略……君子なくんば野人(農夫)治むるなく、野人なくんば君子を養うなし……請う野は九(分)が一にして助せしめ、国中は什(十)分が一にして自ら賦《ふ》せしめん」(『孟子・上』、二〇一頁)。

ここで論じられていることは賦、すなわち税制であってそれを「井地制」とせよ、といっているのである。これは一面の土地を井型に九等分にして、真中の土地を賦として農家八戸で耕作する制度である。ここの

「野は九分の一」の野の意味は田舎を指し、「国中」とは都城近郊を指したものであって、税率も田舎と都市近郊では変化させているのである。

問題はこの賦のあり方は国家が発生した後の姿ではなく、国家形成以前の定住氏族・部族社会で普遍的に見られる公費負担の形式だということである。これは例えば『アメリカ先住民のすまい』で、アステカの公的経費の住民負担の形式として指摘されている姿と酷似しているのである。それは「トラトカトラリと呼ばれ議長職の土地である。これは各部族に一カ所しかなく『四辺は、それぞれ彼の尺度で四〇〇単位の長さがあった。その一単位は二・五㍍であっる』。そこで栽培された作物は、もっぱら首長（部族の酋長会議の代表者であろう。引用者）と、そのアシスタントからなるテクパン（部族の会議所と役所）の所帯が必要とするものをまかなった。その土地は、部族の他の構成員が順番に耕し、常に公共の土地として同じ目的のためにとっておかれた」（『すまい』、一六四頁）。

そうして『孟子』では、この平等な農民・人民の公的負担を歪める者を、「暴君汚吏」と呼んでいるのである。さらにはこの制度の正当性を、「君子なくんば野人（農夫）治むるなく、野人なくんば君子を養うなし」と述べている。ここでいう君子とはいわば「知的労働者」であり、「野人」とは農夫・肉体労働をするものの意である。ここの意は「君子」は高級で「野人」は卑しいという意味ではない。ここで言っていることは氏族・部族社会にすでに見られることであって、世襲酋長をはじめ各種の「一世代酋長」は、かれらの共同体の円滑な運営のために、その共同の会議所・役所に日参せざるを得ず、したがってしばしば自身が自己の氏族から割り当てられる土地の耕作を、他者に委ねざるを得ないとモーガンは、先の著書で指摘した。

いわば自分らの共同体の維持と管理という業務のために、自己の個人的労働を犠牲にする存在なのである。こうして社会の運営に当たる人間と、それの生活に必要な物を生産する人間のいわば分業は、一定規模の人間集団の定住社会では必然的に生れてくる仕組みである。もちろん、これが国家段階に達すると君子勢力が「貴族」となり、自分の共同体の「人民」から「暴君汚吏」として、不当に多くを受け取ることを要求しはじめることは周知のことではある。

しかし、『孟子』において、ここの主張は原始的氏族社会の秩序を「正義」とした主張である。同時に、面白いと思う問題は、マルクスの有名は『フランスにおける内乱』であつかわれる、「パリー・コミューン」の労働者出身の議員たちへの考察と、それへの高い評価を読むと、『孟子』の国家の指導者と国民の関係への考察と似ているように思える点である。

従来、『孟子』は古代中国儒教の孔子に次ぐ思想家と、宋代の中国儒教によって評価が定まり、日本においても中国の思想家として、しかも主に否定的に論じられてきた。しかし、決定的なことは中国において社会の体制変革で、『孟子』が意識的に位置づけられたことはないと思われるが、日本においては北条氏から足利氏までの、古代天皇制との闘いでは、『孟子』は意識的に位置づけられているところである。

だからこそ近世以降の尊皇思想は一方では、北条氏ととくに足利氏を「朝敵」と規定し、さらには『孟子』に関して、「不忠不義の書」等の全面否定を行い、「万世一系の天皇制こそが日本の伝統」という「皇国史観批判」の雄の津田左右吉氏が、『孟子』と「天命論」を「日本の伝統とはそぐわない」というのは、立派な理由があることである。それは戦前、戦後において「万世一系」論の強調と、反日本的と称した『孟子』攻撃の真の意味は、日本社会の進歩をめざす思想や運動を反日本的、反民族的として否定する意図を秘めたものだ、という点である。

したがって日本の古代末期史では、マルクス主義を自称した石母田正氏等も、近代尊皇思想に迎合して『東鑑』を北条氏による歴史偽造の書と称し、北条義時以下を陰謀集団でもあるかにねじ曲げ、当時の東国武家階級がかかげた『孟子』とその明確な影響にかんして、語らず無視するという態度を基本とした。これは日本古代史学における古代中国正史類の歪曲・無視と軌を一にした、重大な近代~現代日本の思想と文化の深刻な否定的な側面であり、今日の日本の世界に例がない後進性の、重要な淵源を構成するものと考えるものである。『孟子』は後述するとおり日本の進歩的発展にとって、単なるよその国の一思想家という水準では断じてない存在でありながらも、一方では尊皇思想から、他方では「文明開化」気分と思想から、アジアの遅れた思想として無視された。この否定と無視は多分、日本国民にとって途方もなく高くつく結果となっても不思議はない。

1 『孟子』の搾取と収奪への告発

『孟子』は、先述のとおりに「大誓（『書経』の大誓篇、泰誓ともいう）」の「天」を掲げて、「天とは民すなわち、勤労国民である」としている。これも氏族社会に淵源をもつ古代都市国家時代の国民観であろう。『孟子』はここにたって、「恒産ある者は恒心あり。恒産なき者は恒心なし。苟《いやしく》も恒心なければ、放辟邪侈《ほうへきじゃし》、為さざるなきのみ。罪に陥るに及びて、然る後、従いて之を刑す。是れ民を罔《な》（＝無）みするなり。焉《いずく》んぞ仁人位に在って民を罔みして為《おさ》むべけんや。是の故に賢君は必ず恭倹下を礼し、民に取るに限りあり。陽虎氏曰く、富を為さんとすれば仁ならず、仁を為さんとすれば富まずと」（『孟子・上』、一九三頁。傍線は引用者）としている。「恒産なき者は恒心なし」。これは戦前の日本でも有名で、「恒産」とは一つは定職、食うにたる農地、または財産の保持をさす言葉である。とはいえ、それは失業者などを自己責任によって陥ったもの、と攻撃する立場にねじ曲げられていた側面も強かったが……。

しかし、これは今日でいえば正社員をどんどん「派遣社員」や、「非正規労働者」に変える制度をつくり、自分で蒔いた種である不況を理由に、一方的にこれらの人々を解雇して、その寮からさえ寒空に追い出し、あるいは自殺に追い込み、また、あるいは困って犯罪に追い込まれた人々を「生産」し、犯罪に走った者をどんどん「刑する」という、今日の日本の姿と同じ姿を言うのである。そうしてこうした政治をする者を、「是れ民を罔《な》みする」（ないがしろにする）もの、つまりは人間性を大企業の利益のために無視・蹂躙するものと言うのである。『孟子』はいう。

①「凶年飢饉には君の民、老弱は溝壑《こうがく》（＝溝や谷）に転び、壮者は散じて四方に行ける者幾千人なるに、君の倉廩《そうりん》（＝米倉）は実《み》ち、府庫（金倉）は充《み》つれども、有士以て告ぐる者なし。是上慢《これかみおこた》りて、下を残《そこな》えるなり」（『孟子・上』、九九頁）。

②「狗彘《くてい》（＝犬豚）人の食を食（らえ）ども、検（斂藏＝くらにおさ）むることを知らず、塗《みち》に餓（うえじにするもの）有れども、発《にぎわす》（＝倉を開く）ことを知らずして、人死すれば、すなわち我に非ず歳なりと曰うは、是れ何ぞ人を刺して之を殺し、我には非ず兵《ぶき》なりと曰うに異ならんや」。

今から約二四〇〇年前の社会で、①は、支配者の搾取と収奪が激しくなり不作はたちまち飢餓を生み、老弱の国民は谷等に転がって飢え死にし、働き盛りの者は村を捨てて食をもとめて四散する。これは本来一国の存亡にかかわる事態でありながら、しかも支配者の倉庫には食糧も金もあり余っていながら、役人共は素知らぬ顔をしている。これこそは為政者の怠慢によって、人民を見殺しにするものである、というのである。

そうして「今の政治のていたらくは、支配者が飼っている犬や豚には、飢えている人間が食べられる食糧をドンドン与えて、これを倹約して飢えた人民にまわすことはせず、また、富豊な支配者は自分の倉を飢えた人民のために開く気もなく、人民が餓死しても、これはわしの政治が悪いのではなく、『凶作のせいだ』などとすましている態度は、人を刺し殺しておきながら、『これはわしのせいじゃない。この刃物のせいだよ』と、白々しい態度をとるのと違いはない」というのである。まさに今日の日本の姿に通じていよう。先述のとおりに莫大な内部留保金があってもこれは出さず、不況は自分が招いたものでありながら、「不況だから仕方がない」とばかりにシラをきっている。

そうして『孟子』の「富国強大国家建設」の策は、この飢饉という天下の重大事に、君主が民を見殺しにする自分の政治を恥じてこれをあらため、人民を救えば天下の人民は君主の徳を慕い、集まって来ましょう。こうした国家をいったどこの大国が、撃破できるものでしょうか、というのであるが、これは一方では先に指摘した『春秋』期に、まだ残っていた国家のあり方論と共通の思想であろう。同時に、今日「社会主義をめざす」国家が中国、ベトナム、南米のベネゼエラ、キューバ等に誕生し、それぞれに困難を排して国民の生活の改善に取り込んでいる。これが恒常的な社会体制として確立することに成功すれば、例えば中国を軍事的に侵略できるいかなる大国が存在し得るか、という問題であろう。

そうして「富を為さんとすれば仁ならず、仁を為さんとすれば富まずと」というのである。つまり一部の人間が国民をよそに自分だけが富もうというのは「悪だ」というのである。これはなかなか難しい問題である。というのは社会の発展という側面もある歴史上の「富の探求」を、単なる「善悪」の基準でのみ測ることは困難な面があるからである。にもかかわらず古代、中世、資本主義という社会のそれぞれの段階では、富の追求は直接生産者の労働の成果を、その時々の社会の産業・社会の支配的勢力が、合法・非合法的に搾取し略奪する過程でもあるという点で、道理にかなった指摘という面もある。

興味深いのは『資本論』第一巻の、「第七篇、第二四章『いわゆる本源的蓄積』」でのマルクスの指摘である。ここでは近代資本主義の資本は如何に形成され、機能する条件が与えられたかが探求されている。つまり資本は資本主義万歳派が声高に叫ぶ「人権擁護」の麗しい花園で、「自由と民主主義」の高貴な輝きのもとに、あたかも西洋の宗教画に見るイエス・キリストの生誕図のように、天使の甘美な音楽の響くなかで誕生したのか、それとも人間の生き血をすすりながら生れたのか、という問題である。

がさて、この問題にはいる前に、この「二四章、いわゆる本源的蓄積」の項には、徳川時代の日本の土地所有の特質が記されている（マルクス・エンゲルス全集、『資本論』Ｉｂ、23ｂ、九三八頁、「注一九二」、監訳者、大内兵衛、細川嘉六氏、大月書房、一九六七年）。これはイギリス最初の駐日公使、ラザフォード・オールコック（一八五九～一八六二年、日本滞在）の、『大君の都』（上・中・下、山口光朔氏訳、岩波文庫、一九六二年、第一刷）をマルクスが読んでいた結果であろう。

この「大君」は天皇ではなく徳川幕府である。当時の欧米人が日本の国王と呼んでいるものは「天皇」ではなく、徳川幕府であることも重視する必要がある。

さて、資本主義の誕生の前提は、大企業等の資本家のもとに労働者として働く以外に、生きる道のない人間が大量に形成されることが一方の極であり、他方では、それらの人間に支払う賃金と、それらの人間が生産活動を行うための土地、工場、機械、原料等を私的財産＝資本として保持する人間の登場が不可欠だということである。この二つは、人間の生産の歴史の一定の段階で現れるものであるが、そもそも資本家のもとに「雇ってもらう」以外に、衣食住を手に入れられない数十万、数百万人の人間が、どうやってこの地上につくり出されたのか、この解明こそは資本主義社会の、いわばなりたちを明らかにする鍵となるものである。

これが近代的資本の「本源的蓄積」と呼ばれるものである。これは例えば、国民の圧倒的な部分が、百姓として自分のささやかな土地をもち、そこで農業を営んでなんとか食べて行ける状況では、「労働者」になり手はないのであって、したがって封建制下の農民の多くを、その土地から引き離す、農業では食えない部分を大量に生み出すという、過程と条件が是非必要なのである。「すまじきものは宮仕え」であって、自分で働いて食っていけるならば、だれが他人のところでペコツキながら働くか、ということであろう。

資本主義万歳派がいう「苦労して働いた人が報われて、怠け者が『自己責任』で雇われる者になる」式の、イソップの「蟻とキリギリス」めくお話とは逆に、実は真面目に働いていた農民が、時の支配者の経済的政治的政策によって蹴落とされ、権力とも結びついた者たちの活躍もあって、一方には資本主義的資本の蓄積と、他方では「労働者」が造り出されるのである。

マルクスはこれを「いわゆる本源的蓄積」で次のように述べている。「もしも貨幣は、オジエの言うように『ほおに血のあざをつけてこの世に生れてくる』のだとすれば、資本は、頭から爪先まで毛穴という毛穴から血と汚物をしたたらせながら生れてくるのである」(前掲書、『資本論』、九九一頁)。このようにマルクスがいう根拠をも、若干、述べておこう。

問題は、資本主義の祖国イギリスで、如何にして農民が土地を失い資本家の下に賃金奴隷として現れるか、である。つまり農民が『自由世界』の呼号者の手によって、いかにその「ささやかな財産と若干の自由を剥奪されるか」という問題である。マルクスはこの章で当時の多方面の記録を広く、また詳細に引用している。

その最も基本的な姿は、「……なかでも画期的なのは、人間の大群が　突然暴力的にその生活維持手段から引き離されて無保護なプロレタリアートとして労働市場に投げ出される瞬間である」(同書、九三五頁)。この「序曲は、一五世紀の最後の三分の一期と、一六世紀の最初の数十年間に演じられた」(同書、九三八頁)。「一八世紀には、農村から追い出されたゲール人には同時に国外移住も禁止されたが、それは、彼らを無理やりにグラスゴーや、その他の工場都市に追い込むためだった。

一九世紀に支配的だった方法の実例としては、サザランド女公の「清掃」だけで十分であろう。「この経済に通じた人物は、公位につくと同時に決意を固めて、経済の根本的治療をやることにし、以前の同じような過程によって住民がすでに一万五〇〇〇人に減っていた全州を牧羊場に変えてしまうことにした。一八一四年から一八二〇年まで、この一万五〇〇〇人の住人、約三〇〇〇戸の家族は、組織的に追いたてられて根絶やしにされた。彼らの村落は残らず取りこわされて焼き払われ、かれらの耕地はすべて牧場に変えられた。イギリスの兵士がその執行を命ぜられ土着民と衝突することになった。一老婦は小屋を去ることを拒んで、その火炎に包まれて焼け死んだ」(同書、九五三頁)。こうした記述が資料名を記して長々と続いている。

しかも、こうしたブルジョアジーの一五世紀末以来の強欲に、手厚い保護の手をさしのべたものがイギリスの「絶対主義的王朝」である。そのごく若干を引用すれば、まずは「ヘンリー八世、一五三〇年には、老齢で労働力のない乞食（土地を取りあげられた農民）には乞食免許を与える。これに反して強健な浮浪人（土地を取りあげられた農民）にはむち打ちと拘禁とが与えられる。彼らは荷車のうしろにつながれて、身体から血がでるまでむち打たれ、それから宣誓をして、自分の出身地か最近三年間の居住地に帰って『仕事につく』ようにしなければいけない。ヘンリー八世の二七年には（この法規は）………新たな補足によっていっそう厳格にされている。再度浮浪罪で逮捕されればむち打ちが繰りかえされて、耳を半分切り落とされるが、累犯三回目には、その当人は、重罪犯人であり公共の敵であるとして死刑に処せられることになる」（同書、九六〇頁）。

だがしかし、これでも不足だったらしく、「エドワード六世。その治世の第一年度、一五四七年の一法規は、労働することを拒む者は、かれを怠慢者として告発した者の奴隷になることが宣告させる」始末であって、「逃亡三回目は国にたいする反逆者として死刑に処する」ことが定められたという。

資本主義の誕生と資本主義的民主主義のお手本の国イギリスでは、当時、農業よりも羊毛の方が儲かりそれが国益とされて、羊のために小作農民等を国家的暴力によって土地から追い出し、羊は大切に扱われたが農民は野良犬のように追い出され、イギリス王朝とブルジョアジーが手を組んで、鞭と血と死刑という反人間的方法で、勃興期の資本主義的生産で是非必要な非常に安い賃金ではたらく労働者へと農民を強制したのである。

アメリカでは黒人奴隷制があり、日本でも、明治元年一二月の「王制復古の号令」で農地の私有権を、さらには明治五年には土地の売買の自由権が確認され、また明治六年六月の「地租改正令」をもって、従来の収穫高の地租額の米納を一率化して金納にかえるなどして、中小農民が土地を奪われ小作農に転落する事態を政策的にうみだした。これに農民の次男、三男問題や、また徳川時代以来の農村から溢れた人々をふくめ、無権利・低賃金の労働者の源泉となった。さらには資本主義的生産のはしりである紡績工場では、小作農民の娘等を売買して酷使する、いわゆる「女工哀史」が当時の大きな社会問題とされた。こうした搾取がどんなものであったかの一端は、小林多喜二等が具体的に描いている。

さらにはイギリスのインドやヨーロッパ諸国のアジア、アフリカ侵略、日本の朝鮮・中国侵略という恐るべき事態がひき起こされ、二〇世紀を飾った激しい民族独立闘争がアジア、アフリカ、ラテン・アメリカで展開された。これらの事実が示すものは、その「富の形成」が古代的であれ、近代的であれ「富を為さんとすれば仁ならず……」という指摘には、やはり根拠があるということであろう。

それにたいして「改革開放」以後の中国の姿は如何であろうか。中国での近代的生産力の発展は驚異的という。たしかにいわゆる「改革開放」から今日まで約三〇年であろう。この短期間に人口約十三億人で広大な国土、しかも、戦前まで中国が遅れている最大の理由が、その膨大というべき人口に原因があって、したがって人口を減らすことが中国の為であるなどと、日本の軍国主義者や経済学者が言っていた国で、国民総生産で日本を追い抜いて世界第二位になると言われている。

この中国での経済発展は、しかし、農民から軍隊を派遣しての大規模な土地の取りあげや、日本資本主義の初期のように貧農の娘の売買が天下の公然の秘密という形跡もない。アメリカの黒人奴隷制もなく、これらの資本主義諸国のように、他国に軍隊を派遣して植民地・従属国にしている形跡もない。この国の現状には多々問題があると言われている。しかし、「市場経済を通じて中国の風土に適した社会主義をめざす」という、この国の政策如何は極めて興味ふかいばかりではなく、その推移は今後の世界にとっても大きな意味をもつと思われる。

いまのところこの国の経済成長は、都市の市民を中心に国民の生活の向上に結びついているようであり、さらに「内需拡大によって自立的な経済発展が維持される」という政策が成功し、都市と農村の所得増の格差等の克服が実現し、それが今後において普遍的性格をもつものと確認されるような事態となれば、その意義は大きいとおもわれる。とはいえこれで社会主義が完成等というのではない。

市場経済が必ず生みだすとおもわれる資本主義的な各種の不平等や諸問題、中国社会の歴史と構造に根ざすと思われる汚職、経済発展を急ぐあまりの都市計画の押しつけによる、地方政府（日本の県市町村）の土地の取りあげの問題等々の克服や、また社会主義への発展で不可避の前提となると思われる、国民の参加型民主主義制度の確立・発展等々の課題は多々あるやに思える。

そもそも社会主義は中国一国でできるものか疑問である。世界での真の社会主義への道は西ヨーロッパの資本主義諸国のいくつかに社会主義をめざす政権が確立し、資本主義には後戻りしない段階以降の問題とおもわれる。かなり先のことと思われる。

2 『孟子』の人民の革命権擁護論

①「今の君に事《つか》うる者は皆、我能《よ》く君の為に土地を辟《ひら》き、府庫を充すと曰う。今の所謂良臣は、古の所謂民の賊なり。君道に郷《むか》わず仁に志さざるに、これを富さんことを求むるは、是れ桀を富ましむるなり。(今の君に事うる者はまた) 我能く君の為に与国 (同盟国) を約 (結束) し、戦えば必ず克しむと曰う。今の所謂良臣は古の所謂民の賊なり。君道に郷わず、仁に志さざるに、之が為に強戦せんことを求むるは、是れ桀を輔《たす》くるなり。今の道に由《したが》いて、今の俗を変《あらた》むることなくば、之に天下を与うと雖も、一朝も居る能《あたわ》ざるなり」(『孟子・下』、三〇三頁)。意味は、〝当世、君主につかえる者は皆、自分は君主のために国土を広げ、租税を多くして国庫を満たしてみせるなどという。これを世間では良臣と評するが、これはかっての人民の賊の姿である。君子は人民の要求を重視した政治への関心がなく、仁の志もないままに、また、この点を指摘して王の政治を変える姿勢もないままに、不善の君主を富ますことだけを考えるのは、昔の暴君桀を富ますためにつかえるようなものである。

また、自分は同盟国を結束せさ、一旦戦争をすれば必ず勝利してみせますなどといい、人民に過酷な物的・人的犠牲を強要する戦争を不善の君主にそそのかすなどは、暴君桀を助けるようなものである。こうした姿勢のままで、その間違いを改めることがなければ、こうした君主に天下をとらせても、人民の批判をあびて一日として天下を保ことはできるものではない。すぐに滅ぼされてしまうだけだ〟。これも今日の大企業を喜ばせる資本主義礼賛の経済学者や、軍事専門家そっくりで国民を真に豊かにするのではなく大企業に、さらに大儲けをさせましょうとか、軍事同盟を強化して国益をまもる力を益々強化しようという、お話そっくりと感じるものである

②「孟子曰く、求は季氏の宰となりて、能く其の徳を改めしむるなく、而かも粟《ぞく》（＝税）を賦すること他日に倍せり。

孔子曰く、求は我が徒《ともがら》に非ず、小子、鼓を鳴らして攻めて可なりと。此れに由《よ》りて之を観れば、君、仁政を行わざるに之を富ますは、皆孔子に棄てらるゝ者なり。況んや之が為に強戦し、地を争いて以て戦いて殺人野に盈《み》ち、城を争い以て戦いて殺人城に盈つるに於てをや。此れ所謂《いわゆる》土地を率いて人の肉を食《は》ましむるなり、罪死にも容《い》れられず。故に善く戦う者（孫子等）は上刑（死刑）に服せしめ、諸侯を連ぬる者は之に次ぐ……以下略……」（『孟子・下』、三七頁）。

意味は、〝孟子がいった、昔、孔子の門人の求が魯の季氏の宰相となったが、季氏の悪政（悪徳）を改めもせず租税を従来の二倍にもした。孔子はこれを聞いて非常に憤慨して、「求はもはや我々の仲間ではないぞ。お前たち、公然と彼の罪を天下に声明して、非難してもよいぞ」といわれた。これによって考え

れば、君主が人民への義務を果たさないのに、これを富ます政策をとり、人民の膏血（汗と血）を搾り取ろうとするのは、孔子の教えに反するものである。

ましてや、こうした不徳の君主のために強引に戦争を引き起こして土地を争奪し、原野一杯にみちあふれるほどの人を殺し、要害としょうして城の争奪戦をおこなって、城をうめつくすほどに無数の人を死に追いやるなどは、もっての他である。これは、とどのつまり、土地に人の肉を食わせるようなものであって、死刑にしてもまだ足りないほどの連中である。したがって兵学書の『呉子』の編者の呉起や、『孫子』の著者・孫武のような戦争上手と称される者共は、死刑などの重刑に処すべきであり、諸国の同盟を形成して相攻伐するために奔走するような人々は、孫武などに次ぐ重刑に処すべきである……〟。

こうして『孟子』は「不善の君主」にどう対処すべきかを、しかも君主の前で堂々と述べている。

① 「孟子曰く、民を貴《たっと》しとなし、社稷（国土）之に次ぎ、君を軽しとなす。是の故に丘民に得られて天子となり、天子に得られて諸侯となり、諸侯に得られて大夫となる。諸侯社稷を危くすれば、則ち（其の君を）変《あらため》て置（立）つ」（『孟子・下』、三九七頁）。〝国家にとって一番貴く重要なものは人民であり、これに次ぐのが国土であって、君主（天子・王）は軽い存在に過ぎない。これが天下の道理である。だから天子は人民の信任によってその地位につき、諸侯は天子によって信任され、大夫は諸侯によって指名されている。したがって天子が信任した諸侯が国土の安全と人民の生活を危なくする場合には、人民は愚かな天子を廃して賢明な天子を、あらためて立るのだ〟、というものだと理解する。

② 斉の宣王の質問にたいして、「曰く、君（君主）大過あれば則ち諫め、之を反復して聴かざれば則ち位を易《か》う。王勃然として色を変ず」（『孟子・下』、二一六頁）。〝（斉の宣王が卿の職責について質問したのにたいして）、孟子が答えて言うに、王に人民の生活や国土を危うくするような大過があれば、その誤りを諫め、これを繰り返しても、なお聞き入れなければ王の位を剥奪して、人民の期待に応える人物をあらたに王にしなければなりません。それを聞いた宣王は驚き怒って、さっと顔色を変えた〟というものである。

③ 「斉の宣王問いて曰く、湯・桀を放ち、武王・紂《ちゅう》を伐てること、諸《これ》有りや。孟子対《こた》えて曰く、伝においてこれ有り。（斉王）曰く、臣にして其の君を弑す、可ならんや。（孟子）曰く、仁を賊《そこ》のう者、之を賊と謂い、義を賊う者、之を残と謂う。残賊の人は、之を一夫と謂う。一夫紂を誅せるを聞けるも、未だ（其の）王を弑せるを聞かざるなり」（『孟子・上』、九十頁）。〝斉の宣王が孟子に、殷の湯王は夏の桀王を追放し、周の武王は殷の紂王を討伐したと聞くが、事実の話であろうかと問うた。孟子が答えるに、そのように伝えられております。そこで宣王が重ねて問うに、臣下の身分でありながら、その主君を殺すなどということは、許されることであろうか。孟子は答えて、臣下が君主を殺してもよいなどという道理はありません。しかし、人の道としての仁をそこなう者は賊といわれ、正義をそこなう者は残と呼ばれています。残賊の人は一介のならずものでしかなく、私は一介のならずものの紂が成敗されたとは聞いていますが、臣下が君主をころしたなどとは聞いておりません〟という

ものである。

こうした孟子の言は、戦国時代の諸侯とよばれる、地域国家へと発展しつつある中規模国家の君主の前で、堂々とのべられたものであり、また諸侯等もべつに孟子を殺害・投獄するなどの弾圧はしていない。つまり中国的言論の自由の存在を示す一面であろう。しかし、その発言内容が支配者にとって非常にこの好ましくなかった点は、②の「王勃然として色を変ず」に端的に示されていよう。

第九章　北条〜足利時代の「天命論」について

この天命論思想は『東鑑』『梅松論』だけではなく『太平記』でも述べられている。例えば、その「序」では「蒙《もう》ひそかに古今の変化を採って安危の来由をみるに、覆つて外無きは天の徳なり。名君これに体して国家を保つ。のせて棄つること無きは地の道なり。良臣これにのっとって社稷《しゃしょく》(＝国家)を守る。もしそれその徳欠るときは、位有りといへども持たず。いはゆる夏の桀は南巣に走り、殷の紂は牧野に敗らる。その道違ふときは威ありといへども久しからず」(『太平記』、山下宏明氏校注、一五頁、新潮日本古典集成、新潮社、一九九一年、第五刷。傍線は引用者)。

〝古今の歴史の変化の原因を考えてみるに、万物を公平に覆っているのが天の徳であり、名君と呼ばれる君主はこの天の徳をよりどころとして国家を治め保つのである。万物を公平にはぐくみ育てるのが道理であって、良臣はこれによって国家をまもる。もし、君主に天の徳を解する能力がなければ、帝位にあってもこれを保つことはできないのは、周知のように(古代中国の)夏王国の桀王が人民の決起のまえに南巣で敗走し、殷の暴君である紂王は人民を率いて決起した周の前に、牧野で敗れた例をみても明である。君主が道理をたがえれば威があっても久しくはない〟ということであろう。

もっとも『太平記』は、この作者が天皇方の人物であったという説もある。しかし、そうした人物でも当時は、「天命論」の言いまわしでしか、社会を考えられなかったところに、武家台頭時代の特徴があるのである。さらに『太平記』の他の部分を例にあげれば、後醍醐天皇の北条鎌倉幕府討伐運動を、「当今御謀叛」（「長崎新左衛門尉意見の事、付けたり阿新殿〔くまわかどの〕の事」、六九頁）とのべている。天皇方にたちながら天皇の幕府討伐計画を「謀叛」とのべるところに、その時代の社会的・国民的動向・気分・特徴があったということである。

これと比べると近世尊皇思想は、わが日本民族が古代社会を打破して日本の中世社会への飛躍台となった、「承久の変革」を「承久の乱」と称している姿は惨めであろう。さらに『太平記』では、作者の意図とは別に、ないしは作者の思想をのりこえて、鮮明に天命論思想が展開されている部分がある。それは後醍醐の倒幕、すなわち「当今御謀反」への対応を議論する北条鎌倉幕府の閣議の描写である。ここでは天皇への融和を主張する立場と、断固撃つべしという立場の対立が描写されている。

武断派の主張は次のようである。「乱をおさめて治を致すは、武の一徳なり。すみやかに当今(後醍醐天皇)を遠国に遷しまゐらせ、大塔宮を不返の遠流に処したてまつる」べきだというのである。これにたいして融和派は、「……『君君たらずといへども、臣以って臣たらずんばあるべからず』（君主がその資格を欠くからといって、臣下が反逆すべきではなく、臣下のつとめをはたすべきだ）として、「武威盛んならん程は、与《くみ》し申す者有るべからず（武家の政治が安定しているので、天皇方にくみする者などでるはずもない）。これにつけても、武家いよいよ慎んで勅命に応ぜば、君もなどかおぼしめし直す事なからん（そういう状況なので、武家がつつしめば天皇も倒幕を考えなおすこともあるだろう）」というのである。

このことなかれ主義の意見に長崎新左衛門尉（高資）が、「また自余の意見をも待たず、以っての他に気色を損じて、重ねて申しけるは、『文武おもむき一つなりといへども、用捨時異《ようしゃじい》（＝用い方は時によって異なる）なるべし。文を以っていよいよ治め、乱れたる時には、武を以って急に静む。……中略……事すでに急に当たれり。武を以って治むべきなり。異朝には、文王・武王、臣として無道の君を討ちし例あり。わが朝には、義時・秦時、下として不善の主を流す例あり。世みなこれを以って当れりとす。されば、古典にも〝君、臣を見ること土芥《どかい》（＝ちりあくた）のごとくする時は、すなはち臣（人民）、君を見ること寇讐《こうしゅう》（＝あだ仇）のごとし（『孟子・下』、同書、六四頁、括弧内は引用者）」としている。あとは、この発言にもとづいて「武の一徳」が多数意見となり、事態が展開するのは周知のことである。

この傍線部分に示される当時の天皇観は、現在の「尊皇史観」と根本的に異なっていて、〝天下の民の暮しを乱す者は、誰であれ罰されるのが当然だ〟という、当り前の考え方にたっているのである。「天命論」思想の「天命論」たる由縁である。

そもそもわが国の思想・文化状況のなかで、古代中国的革命論が当然の社会常識として公然と論じられるというのは、少なくとも近代尊皇思想が国家的に強要される明治以降では考えられないことである。しかし、これが武家階級が台頭し日本中世を切り開いている時代の、かくれもない特徴である。そうしてこの歴史的事実が事実として、その歴史的役割とともに「日本史」の教科書に明記され、武家がかかげた『天命論』思想の内容と意義が明記されるのでなければ、古代末期の「日本史」は〝科学的〟日本史とは言えないものである。

「人の世には天皇や財界よりも上位の価値がある。それは一般勤労国民の生活の安全と生活の向上である」という主張は、今日の「日本史」や日本社会では異様に響くが、この当り前のことが当り前とされないところに、日本の異常な後進性の根元があると考えるものである。しかし、皮肉なことに日本思想のなかで、これに若干は接近したものとして、足利尊氏にたいして天皇側（南朝）の武将として剣をとり、また理論家として闘い、明治以降の近代尊皇思想家が天までもちあげた、北畠親房とその著『神皇正統記』があることである。「事実は小説よりも奇なり」という言葉がある。『神皇正統記』、その「序論」の第一は、「日本は神国」という立場である。ところがこの北畠親房は天命論を基軸にすえて「尊皇思想」を強調しているのであって、本居宣長の「天皇絶対、国民はただ土下座せよ」式の尊皇思想とは、明らかに異なるのである。ここにも武家階級が古代天皇制を打破しつつ、新しい日本を切り開きつつあった時代の特徴がクッキリと示されている。

先ず、その一は、「承久の乱」と称される、その実「承久の変革」への評価である。「……白河・鳥羽ノ御代ノ比《ころ》ヨリ政道ノフルキスガタヤウヤウオトロへ、御白河ノ御時兵革オコリテ奸臣（平家）世ヲミダル。天下ノ民ホトンド塗炭ニオチニキ。頼朝一臂《いちび》（＝腕）ヲフルキテ其乱ヲタイレゲタリ。

王室ハフルキニカヘルマデナカリシカド、九重（都）の塵モオサマリ、万民ノ肩モヤスマリヌ。上下堵《と》ヲヤスクシ、東ヨリ西ヨリ其徳ニ伏シシカバ、実朝ナクナリテソムク者アリトハキコエズ。是ニマサル程ノ徳政（天下万民が納得する政治。善政）ナクシテイカデカタヤスククツガエルベキ。縦又《たとひ》、ウシナワレヌベクトモ、民ヤスカルマジクバ（安心できないようならば）上天（天）ヨモクミシ給ハジ（決してくみしないであろう）。

次ニ王者ノ軍《いくさ》ト云ハ、トガアルヲ討ジテ、キズナキヲバホロボサズ。頼朝高官ニノボリ、守護ノ職ヲ給《たまはる》。コレミナ法皇の勅裁也。ワタクシニヌスメリトハサダメガタシ。後室（政子）ソノ跡ヲハカラヒ、義時久ク彼ガ権ヲトリテ、人望ニソムカザリシカバ、下《しも》ニハイマダキズ有トイウベカラズ。一往ノイワレバカリニテ追討セラレシハ、上（御鳥羽上皇・朝廷）ノ御トガ（罪・誤り）トヤ申ベキ。謀叛オコシタル朝敵ノ利ヲ得タルニハ比量《ひりょう》（＝くらべる）セラレガタシ。カヽレバ時ノイタラズ、天ノユルサヌコトハウタガイナシ（日本古典文学体系、『神皇正統記　増鏡』、一五九頁、岩波書店、一九六五年、第一刷、括弧・傍線は引用者、以下同様）。

「神ハ人ヲヤスク（人民の生活を安心）スルヲ本誓《ほんぜい》（＝根本的な誓約、本質）トス。天下ノ万民ハ皆神物ナリ。君（天皇）ハ尊クマシマセド、一人（天皇一人）ヲタノシマシメ万民ヲクルシムル事ハ、天モユルサズ神モサイハイセヌイハレナレバ、政《まつりごと》ノ可否《よしあし》ニシタガイテ御運ノ通塞《とうそく》アルベシトゾオボエ侍ル」（同書、一六三頁）。

こうした考え方が時代の趨勢であったことは、『太平記』にもみることができる。

「後鳥羽院は隠岐国へ遷《うつ》されさせたまひて、義時いよいよ八荒（日本国）を掌《たなごころ》に握る。それより後、武蔵守泰時……相模守貞時相続いて七代、政《まつりごと》（＝政府）武家よりい出て、徳、窮民を撫するに足れり。威、万人の上にこうむるといへども、位《くらい》四品のあいだを超えず、謙に居て仁恩を施し、己を責めて礼儀を正す。これを以て、高しといふとも危ふからず。盈《み》てりといふとも溢れず」（新潮日本古典集成・『太平記・1』、一七頁、一九七七年）とあって、「承久の変革」を遂行した北条氏七代の治世が「善政」時代であったとしている。『太平記』は天皇方の者の手になるといわれ、足利尊氏を正義、後醍醐天皇を否定的にみる『梅松論』に、史料としても劣るといわれているが、それでもこうした表現で武家政治を語っているのである。

この点、北条義時を朝敵として追討の詔を発した後鳥羽上皇について、『承久記』慈光寺本は、義時を正義・道理・善として描き後鳥羽上皇を、「……朝夕武芸ヲ事トシテ、昼夜ニ兵具ヲ整ヘテ、兵乱ヲ巧マシマシケリ。御腹悪《おんはらあしゅうし》テ、少モ御気色ニ違者ヲバ、親《まのあたり》ニ乱罪ニ行ハル。大臣、公卿ノ宿所、山荘ヲ御覧ジテハ、御目留ル所ハ召シテ、御所ト号セラル。……中略……御遊ノ余ニハ、四方ノ白拍子ヲ召集、結番《けちばん》（＝順番をきめて勤める）、寵愛ノ族《やから》ハ、十二殿ノ上、錦ノ茵《しとね》ニ召上テ、蹈汚《ふみけが》サセラレンコソ、王法・王威モ傾キマシマス覧ト覚テ浅猿《あさまし》ケレ。月卿雲客相伝ノ所領ヲバ、優（優遇）ゼラレテ、神田・講田十所ヲ五所ニ倒シ合テ（横領して）、白拍子ニコソ下シタベ。古老、神官、寺僧等、神田、講田ヲ倒サレテ、嘆ク思ヤ積ケン。十善ノ君忽《たちまち》ニ兵乱ヲ起給ヒ、終ニ流罪セラレ玉ヒケルコソ浅増ケレ」（『承久記』、益田宗・久保田淳校注、『保元物語、平治物語、承久記』収録、新古典文学大系、岩波書店、一九九二年、第一刷、三〇五頁）とある。ここには後鳥羽上皇への一片の同情もないであろう。

武器をもてあそび武力を好み、気分にまかせて怒りっぽく、少しでも気にいらないと、道理もないのにやたらと人を罰して、男女の別なく寵愛するものを優遇するなど、天下の法、世の良俗をも自らみだし、大貴族の領地は優遇するが、神田などの土地は横領してはばからず、臣下の土地を気まま勝手に取り上げ、ついには兵乱をおこして流罪になるのも、道理であるというのである。

　これにたいして義時は、後鳥羽上皇の愛妾のための土地とりあげの要求にかんして、「『地頭職ノ事ハ上古ハ無カリシヲ、故右大将平家ヲ追討ノケンジヤウニ、日本国ノ惣地頭ニ被補《ほされ》、平家追討六箇年ガ間、国々ノ地頭人等、或ハ子ヲウタセ、或ハ親ヲ被打《うたれ》、或ハ郎従ヲ損ズ。加様ノ勲功ニ随《したが》ヒテ分チタビタラン者ヲ、サセル罪ダニナクシテハ、義時ガ計《はから》ヒトシテ可改易《かいえきすべき》様ナシ』トテ、是モ不奉用《もちいたてまつらず》」（『承久記』古活字本、岩波・新古典文学大系本、三七四頁）とある。

　地頭職は古来、天皇が定めたものではなく、平家追討のために武家が奮闘して、頼朝が創設したものであって、地頭職にある人はその功績によって定められているのだから、義時個人の独断でとくに罪もないのに変えることはできない、という、まことに武家の指導者として当然で正当な考え方、態度が記されている。

　こうした古代天皇制と武家の対立は武家創設以来であって、すでに『将門記』にある。ここでは引用を一々はさけるが、興味深いのは、武家の姿、その正当性を将門が語っている点をみると、天皇の地位を尊皇思想からみるのではなく、「世界」の国家の興亡から語っている点である。これは実際には、『将門記』の著者（不明、僧侶と推定されている）の作為とはおもわれるが、それにしても「日本の特性」に「国際性」を対置している点、興味深いものがある。

こうした階級対立こそが、古代天皇制・尊皇思想と武家の対立の根底をなすものである以上、思想・理論闘争なしの階級闘争などは、この世界に存在しないことは、マルクス・エンゲルスの指摘するとおりである。この古代天皇制と武家階級の階級闘争で、武家方の理念をなしたものが「天命論」、日本では「善政主義」「徳政」といわれるものである。中世史家の一部にこうした正当な指摘もあるが、それは日本思想史で正面から位置づけられているかをと問えば、疑問である。

戦前までこの北条氏とくに足利氏は国賊とされ、学校教育で天皇崇拝と対比して悪逆非道のものとされた。これにたいして北条・足利を積極的に評価した例は、明治四二（一九〇九）年に世にでた山路愛山氏の『足利尊氏』（岩波文庫、一九四九年、第一刷）であろう。戦後、足利尊氏への評価で山路氏の見解が、若干は採用された面があったようであるが、戦後の天皇制美化論でふたたびお蔵入りとなったやに見える。こうした背景のせいか、この武家の「天命論」を正しく評価して、東アジアと日本の、とくに日本で歴史の変革の理念として、約二百年間（一二一九〜一三九七年、全閣建立）にわたって日本の進歩的発展に貢献したものという評価は、ない。

こうしたことではアメリカの古代史も中世史もない社会の文化、しかも、その文化のうち輝かしい民主主義と科学的思考ではなく、粗悪で商業主義的な薄っぺらなものがわが日本の支配者と、マスコミによってもて囃されるなかで、これにたいする日本人の正しい文化、誇るべき伝統がありながら、それが無視されていることは、実に大きな損失と思うものである。

山路愛山氏はその著『足利尊氏』で、『梅松論』の「承久役」での、義時の泰時説得の場面（すでに引用一三八頁参照）と、同様の場面を記述している『明慧上人伝』の義時の言葉を引用されて、「この時代、宗教変じて道徳となり、道徳の純潔が直ちに人間の神仏に献ずべき価値ある犠牲とならんとするの状略ぼ見るべきなり。同じ思想の傾向は当時の政治学にも影響せり。是れ当時の史を論ずるものの特に注意せざるべからざるところなり」（『足利尊氏』、一〇一頁、傍線は引用者）とされ、さらには「それ何の世に於ても思想は原因にして改革は結果なり」（前掲書、一〇四頁）として、当時、古代的尊皇思想にたいして、天命論思想が支配的な政治思想となっていたことを強調されている。

さらに氏は、『神皇正統記』の私が引用したところを引用され、「之を要するに歴史上の権威は君を尊からしむるものに非ず。善政のみ君を尊からしむるものなり。君若し善政を行はずんば天も君に與《くみ》せざるべしとは、其議論の要点なり。我等は此の如き評論の書かれたる時代の思想が、皇室を以て神胤にして神仏の加護する所たり、皇室に向かって兵を擧ぐるはものは必ず敗軍すべき運命を有すると、信じたりし時代（明治以降の日本）と大差あることを知らざるべからず」（同書、一〇三頁）としている。

第二次大戦以後、しばらくの間とりあげる学者もいた、いわば国禁の書、すなわち足利尊氏を歴史の正当派とした『梅松論』（八代和夫氏、加美宏氏校注、現代思想社、一九七五年、初版）の「解説」で、「……玉懸博之氏（『梅松論の歴史観』、「文芸研究」、一九七一年）が、『梅松論』は、『愚管抄』や『神皇正統記』

のように歴史のつくり手と諸価値の根拠を、超人為的にして特殊な神格に求めるのではなく、天下万民のための徳政を要求する天という普遍的な権威を設定し、天意の要求する道徳的価値に合致せんとする人間の努力こそが、公武に拘らず、自己の運命を切り開くものだと解することにおいて、武士勢力の、伝統的勢力（古代天皇制、引用者）に対抗する論理を形造ったのである」（同書、二五頁。傍線は引用者）と指摘されている。しかし、こうした偉大な日本の進歩思想を正面から高く評価できないのが、明治、とりわけ昭和初期以降、今日までの日本の姿である。

むすび

一

近代日本には、自由民権運動〜日本共産党の偉大な「絶対主義的天皇制批判」は存在した。しかし、その尊皇日本史論＝「国体の本義」への真っ正面からの歴史学的批判はなかった。これは第二次大戦後、ドイツと日本の姿を大きく分けた要素と考える。ドイツではナチス・ドイツの戦争責任への追及は国民的に徹底的に行なわれた。

これに反して日本では、アメリカ政府が対日政策の中心に象徴天皇制をおくという、近世以降の尊皇日本史論を利用した結果、アジア諸国への侵略から第二次大戦にいたる戦争政策、その結果である日本民族はじまった以来、他国に国土を長期に占領・蹂躙されるという大罪を犯した昭和天皇を先頭とする、戦争犯罪者の追及・断罪を国民的に行うことが妨げられたと考える。

この結果、日本の戦争犯罪者と保守勢力はアメリカ政府の庇護のもとに温存された。この点、戦前の天皇制支配下でそのアジア侵略戦争をはじめ、その反国民的政策に加担・狂奔して、「大本営発表」のお先棒をかついだＮＨＫをはじめ、日本の新聞等のマスコミもまた同様であって、その責任の徹底的追及を免れ、今日、ふたたびその誤りを繰り返しつつあると考える。

もちろん北条、足利国賊論の誤りと、この「国賊論」の意味、その政治的ねらいが、東アジアと日本の「民本主義＝民主主義思想＝勤労国民主体論」、およびそれによる社会の変革とその運動への、の、尊皇日本史論からの言語道断の攻撃であったことへの解明も、それへの徹底的な批判も生れなかった。これは戦前に、「万世一系の天皇制は日本の伝統」なる近世以降の尊皇日本論への、事実にもとづく批判が皆無であったという、近代日本の思想・意識の決定的弱点が生み出したものであり、この重大な弱点がアメリカ占領者・アメリカ政府の対日支配に、あまさず利用されたと考える。

しかも、戦後日本においては戦後憲法第一条に規定された「象徴天皇制」とは何か、という探究も、日本史論としてはもちろん政治論としてもないのではないだろうか。したがってこれは戦前の天皇制とどこが、どう違い、何が継承されているのか、についても不明確ではないだろうか。本書は「象徴天皇制」とはアメリカ政府の対日支配の具であって、かつ日本の大資本等の支配層が維持する「日本の国体」理念、すなわち「万世一系の天皇制は日本の伝統」論の継承という点で、「皇国史観」の理念と共通と考えるものである。

戦前の「絶対主義的天皇制」との違いは、アメリカ政府による「天皇の神格化」ならびに、天皇の元首化の否定と考える。これは戦前の天皇制からみると、一見、天皇制は無力になったかに見える。しかし、アメリカ政府とその占領軍は、対日支配において「万世一系の天皇制は日本の伝統」なる理念を利用する利点を次の点においていると考える。

天皇制の護持・存続は、「百万人の軍隊に匹敵する」（マッカーサーの一九四六年一月二五日付けの米参謀総長アイゼンハワー宛て「機密電報」）とし、またその理由を日本国民にとって「天皇は、過ちも不正も侵すはずのない国家精神の化身であって、天皇への忠誠は絶対」（一九四五年一〇月二五日、マッカサー付き軍事秘書官、対日心理作戦部長ボーナー・フェラーズ准将提出文章）としているところである。これによれば米国政府にとって天皇は、テレビで有名な「水戸黄門」の、「この紋所が目にはいらぬか」という例の印籠に当たるであろう。

これによって日本の支配階級を抱きこみ、戦前から「万世一系の天皇制は日本民族の伝統」論、すなわちこの印籠への一語の学問的批判もないという状況のもとで、アメリカ政府があたかも日本固有の伝統への理解者であるかの印象を国民にあたえて、これを懐柔するなど「象徴天皇制」は、いわばアメリカ政府の対日支配にとって、近世尊皇思想と保守勢力を利用する点でも、極めて有効な具となっている。

二

では何故、戦前から近代天皇制の背骨である、「万世一系の天皇制は日本の伝統」なる「皇国史観」の中枢思想への学問的批判がなかったのか。これは深刻な近代日本の問題点である。それは第一に戦前の天皇制政府の「尊皇」日本史論を中軸とした、文教政策に由来したことは間違いないところであろう。時の政府・文部省（文部科学省）は、大学、高等学校（旧制）、中等学校（旧制）、尋常小学校～国民学校にいたる教学体制を確立して周到にこれを利用したことは周知のことである。したがって大学において尊皇日本史学に疑問・批判を言うような人は、日本古代史の大学教授にはなれないであろう。

ては何故自由民権運動から日本のマルクス主義政党による天皇制批判はあり得たのか。これは一方にフランス大革命、他方に国際的に権威あるマルクス主義が存在した結果であろう。しかし、これらは近世以降のヨーロッパにおいて、巨大な流血の闘争をへて達成された近代民主主義と、その科学的思考の創造的発展の果実ではあっても、それはあくまでヨーロッパ産である。

そこに資本主義体制の終焉と新しい人民的民主主義の発展の必然性という、人類史的普遍性があることは事実ではあるが、しかし、その普遍性のあり方はヨーロッパと東アジアでは、あくまで同じではないであろう。こうしてヨーロッパ生れのこの偉大な思想は、しかし、アジアにおいてはその歴史の探究と一体的に、いわばあらためて独自の追求が不可避の課題のはずであった。

しかし、一方では「文明開化」という状況のもとで、天皇制政府の「富国強兵」政策の遂行がはかられ、他方ではこの天皇制政府への批判的見地からも近代欧米の民主主義文化、さらにはその創造的発展であるマルクス主義の摂取が、しかもコミンテルンという国際組織の影響も作用して行なわれるなど、結局は、東アジア文明の軽視という時代の流れを、正しく克服する点で日本は立ち遅れたと思われる。

しかし、そもそも尊皇日本史論の根幹は、江戸時代の「反儒教・反中国正史類の対日交流記、『古事記』

『日本書紀』絶対主義」という国粋主義的理念が基礎であって、その精神は「古代中国正史類の対日交流記、それを創造した秦以前の都市国家時代の無神論的儒教への否定と激しい敵意、中国の天命論＝民本主義＝日本中世的民主主義思想絶対反対」という、主観主義的観念論の反国民的理念である。まさにこの故に下級武士の倒幕のスローガンに採用されたに止まらず、戦前の憲法第一条〜第三条に規定されて、支配階級の国民支配正当化の理念とされたのである。

したがってこれへの批判を、欧米民主主義の一般的理念でのみで行えると考えること自身が、「文明開化」気分と思想、すなわち東アジアの歴史と文化、その影響下の日本史とその文化への著しい軽視なのである。この故にこうした「一面的な態度」は、進歩をめざしたものであるにせよ、広範な国民に理解されなくても不思議とはいえないのである。江戸時代に形成された主観主義的日本史論への批判的検討の史料は、あくまで古代中国・朝鮮文化とそれが生み出した正史類の記録、および新井白石等の儒教思想の合理的側面にたった尊皇日本史論批判の優れた遺産である。近代日本の進歩思想は、これらの根底に欧米の進歩的思想と普遍性を共有する、東アジアの文化の意味があることを明らかにすべきだったのである。しかし、これらは戦前はもちろん戦後といえどもまったく無視された。

しかも尊皇日本史論が古代中国正史類等とその記録、その古代文化を目の仇にしている、まさにその場において、天皇制を批判するという立場ではあっても、東アジアの文明の産物を無価値なものとする態度は、結果において尊皇思想への迎合となるしかないのである。これは単なる推論ではない。現にマルクス主義をいう日本古代史学者が、例外なく尊皇日本史論の一隅に座している事実が、反論の余地なくそれを示していると考える。これらの人々が大学教授であるということは、これらの人々が明治以降の大学のこの学部の尊皇論に合格した人々であるという、それの育成体制が背景にはあるとはいえ、近代日本の実に大きな問題点ではなかろうか。

他方、江戸時代以来の漢学は終戦までは一方では、「入欧脱亜」に転向した部分もあり、また近代尊皇思想に迎合するなどの傾向が強く、こうした雰囲気から「文明開化」的横文字文化に、縦文字文化の伝統性を対抗的に強調する傾向もあったなどで、それに本来課せられていた尊皇史学批判等の課題を達成しえず、不幸にも衰退を招いた。

しかし、これはいわゆる「文明開化」的な特定の歴史的条件からの姿でもある。縦文字の威力の復権は単に中国が新たに力を増しているというに止まらず、日本における科学的思考が真に力を持つには、「象徴天皇制」への歴史学的な科学的批判は不可欠であるが、それの有力な武器が漢籍・古代中国・朝鮮文化への、マルクス主義からのあらためての、しかも日本人による探究が不可避であるという点にあると考える。

三

中国は革命後、歴史学が考古学をふくめて飛躍的な発展を遂げつつあるという。しかも、これに欧米の学者やまた日本の「東洋史学」系の学者も参加している。しかし、日本の「東洋史学」系の学者は肝心の日本古代史学において、近世〜現代の尊皇日本史学に拝跪している。したがってその研究は部分的、個別的には別にして、真の科学的研究と鵜呑みにはできるものではない。これは私の素人の独断・偏見ではない。現に「かってのようにアメリカの研究者が日本語を学ぶこともなく、日本の研究（古代中国）にあまり留意しないという現状になっている……。今後、日本の先秦史研究者は、英語ないしは中国語で論文をかくしかないのかもしれない」（『周代中国の社会考古学』、ロータール・フォン・ファルケンハウゼン氏著、吉本道雄氏解題・訳、「解題」、三七〇頁、京都大学出版会、二〇〇六年）と悲哀をかこつ指摘もある。

これは吉本氏が言われるような「学術上の国際的公用語としては英語にたちうちできない」という、「分かりやすい」要因が根本原因ではなく、氏が指摘されるように欧米で、「現時点の日本における中国考古学ないしは先秦史研究に類例をみない研究」（同書、三七六頁）が、生れている（アメリカ式の考古学の善悪は別として）等の状況の反映であろう。そもそも「三角縁神獣鏡は中国鏡ではない」と中国考古学会に面とむかって言われながら、依然として「中国鏡論」を固執する水準の、日本の「中国考古学」や「日本古代史学」の状況では、「わざわざ日本語を勉強して学ぶ」ほどの研究が生れるとは、見なされなくても仕方がないであろう。

なお中国思想や文化等の日本的意義を考える時に留意すべき点は、もちろん律令等の重視などの面があるが、特に先秦・先漢文化の意義が重要であると考えられる点である。「五胡一六国」以降、北方民族の侵入等による南北朝の抗争や、さらには唐の後に金や元や、また清という異民族の度重なる侵入や支配をうけて中国は、西ヨーロッパの資本主義を発展させた諸国家とは、非常に異なる条件下におかれたことは、留意する必要があると思われる。こうした中国史の資本主義を発展させたヨーロッパ諸国にはない複雑な状況を無視して、古代儒教と漢や宋時代の儒教等を「専制中国」一色に塗りつぶす仕方は正確ではないと考える。

日本は第二次大戦以前には、唐（新羅）の北九州侵攻があったこを本書は明らかにした。これは『古事記』『日本書紀』の真の性格の解明と一体的にさらに探究する必要がある。しかし、それ以降は元（蒙古）の侵略には、朝鮮人民（文字どおり人民）の頑強な反元闘争に、客観的には助けられた面（日本ではあまり言われていない）があるが、初期武家階級を先頭に立ち向かいこれを撃退し、基本的に他民族支配を受けなかった。これは封建制下で資本主義的発展の土台を形成し得た、西ヨーロッパ諸国と同質の側面ではないかと考えるものである。

しかし、近世尊皇思想下でアメリカに支配されるという屈辱を甘受させられている。天皇制と外国支配という問題である。こうして戦後、「象徴天皇制」への新たな研究が、「万世一系の天皇制は日本の伝統」論への批判を含めて求められたが、大学的日本古代史学を中心にほとんど見るべき成果はなく、戦後も約半世紀以上がただ流れ去った。

この間、一九七一年以降に、古田武彦氏の古代中国正史類等を踏まえた、本格的な「万世一系の天皇制論」への歴史学的批判が開始された。戦後日本の民主主義の一つの成果と思われる。こうした科学的批判は、本来、日本のマルクス主義の歴史学・哲学等に期待されたものであったが、「文明開化」の欧米文化崇拝、東アジア文明の軽視という傾向を土台とした、近代的意識をすそ野とした結果、近世尊皇思想と史学への真に科学的批判確立の基盤を発見し得ず、尊皇的日本史論の一範疇に終わった。

これではヨーロッパとは独自に数千年の歴史をもつ、極東アジアの国の諸問題を正しく理解できるわけがないと考える。あらためて「入欧脱亜」式の「文明開化」気分への正しい批判的検討が、求められていると考えるものである。アジアは欧米資本主義列強ならびに日本の天皇主義的軍国主義の侵略と抑圧をはね返し、資本主義を創設した一五世紀以来のいわば欧米の世紀に抗して、同時にそれの学ぶべき点は吸収しつつ新たな胎動を開始している。「文明開化」的な要素も多分に影響している「西側の一員論」の批判的克服とともに、古代中国文化への軽視、蔑視問題のもつ意味の再検討にも、本格的に立ち向かう時代ではないかと思う。

●著者紹介

草野善彦（くさの・よしひこ）

1933年12月16日、神戸に生まれる。
1957年　武蔵野美術学校（大学）西洋画科卒

著書
『天皇制国家唯一史観を疑う』（光陽出版社）
『天皇制批判と日本古代・中世史』（本の泉社）
『放射性炭素年代測定と日本古代史学のコペルニクス的転回』（本の泉社）
『放射性炭素14C測定と日本古代史』
（国際教育研究第24号収録、東京学芸大国際教育センター）
『二世紀の卑弥呼「前方後円墳」真の構築者
――「日の丸」「君が代」と日本古代史学』（本の泉社）
『天皇制は日本の伝統ではない　――墓より都　君が代――』（本の泉社）
『消された日本古代史を復原する
――マルクス主義の古代国家形成論にたって――』（本の泉社）

「邪馬台国論《やまたいこくろん》」の新視点《しんしてん》およびマルクス主義《しゅぎ》と儒教《じゅきょう》

2010年7月30日　初版第1刷発行

著　者　草《くさ》野《の》善《よし》彦《ひこ》
発行者　比留川　洋
発行所　株式会社　本の泉社
〒113-0033　東京都文京区本郷2-25-6
TEL.03-5800-8494　FAX.03-5800-5353
http//www.honnoizumi.co.jp/
印　刷　株式会社　エーヴィスシステムズ
製　本　株式会社　難波製本

ISBN978-4-7807-0465-5